JN290497

在宅医療
ソーシャルワーク

村上須賀子
京極高宣
永野なおみ
［編著］

MSW
Medical Social Worker

勁草書房

はじめに

患者の置き去り事件に思う

「病院に医療ソーシャルワーカーが居ればこのような事態にはならなかったはずだ」と思わざるを得ない．

そうした無念の思いにかられる事件が起きた．2007年11月14日付けの新聞各紙が報じた「堺の病院職員，全盲患者パジャマ姿で猛暑の公園ベンチに放置」の記事である．

記事によると，新金岡豊川総合病院の職員たちが2007年9月21日全盲の患者（63）を車で連れ出し，荷物と一緒に大阪市西成区の公園に置き去りにした．男性患者は糖尿病で約7年前から入院．生活費が生活保護から障害年金に切り替わった頃からの入院費約185万円が未払いであった．その患者は暴言を吐くなどで同室の患者ともトラブルが絶えず，6人部屋を1人で使っていた．治療は必要だが通院で対応できると判断される，いわゆる社会的入院患者であった．

堺市保健所は10月末，同病院院長らが従業員の監督を怠ったのは医療法15条の違反事項にあたるとして，行政処分とした．

医療ソーシャルワーカーがいなかった

「病院は3年前にもこの患者の退院のことで弁護士とも相談した．」そうである．しかし，相談すべき相手は医療ソーシャルワーカーだったと私は考える．ことは，権利義務とか法律の問題では無いからである．高齢になって糖尿病性の視力障害者になってしまったこの患者にとって何が問題であったのか．それは，糖尿病の治療の継続と同時に，身体障害1級という中途障害者として生きていくための，生活の再構築こそが課題であり，それを保障

するための医療と福祉の援助こそが医療現場の役割のひとつと考えるからである．

医療の場の社会福祉専門職である医療ソーシャルワーカーであれば，まず中途障害にみまわれた彼の苦境を誠実に理解しようとすることから始める．彼が60年余り，何に価値をおき，何を喜びとして頑張って生きてきたかなど，どのように生きてきたのかを聴き取る．そして，家族との関係，内縁の妻との関係も聴き取っていくだろう．これからの人生をどこでどのように過ごすことがよいのか，共に悩み，考える過程を踏むことだろう．視力障害者施設の情報を提供し，場合によっては共に訪れて彼自身がその施設の雰囲気などを確認出来るように図ったり，他にも内妻の近くに適当な転院先がないか調べたりするだろう．

自宅に帰りたいということであれば，内縁の妻との人間関係の調整は不可欠で，最重要ポイントである．医療ソーシャルワーカーは何度も彼女のもとへ足を運び，彼の意思を伝え，今後の2人の生活のあり方についての調整にも関与するであろう．彼が家での生活を選んだ場合，生活費をどうするのかが問題となる．生活保護を再申請できるのか．内縁の妻が体調不良であれば，夫婦共に生活保護受給が考えられるのではないだろうか．また，支援の輪をどう創るのかも課題である．担当の福祉事務所ケースワーカー，担当の障害福祉司，保健師，地域の障害者作業所，視力障害の自助グループの利用など，地域での生活にコミットできるよう障害者福祉施策を最大限活用し援助するだろう．これらのことが整えば，退院可能である．

新金岡豊川総合病院も貴重なベッドが6床確保でき，入院を待機していた患者の入院が可能になり，病院は診療報酬上の収益も向上させることができる．何より，全盲のこの患者の人生の再スタートが切れることになり，彼の生活態度も一変することだろう．

さて，本書の事例を読んでいただきたい．ここに紹介する事例は新聞報道のこの事例の場合よりも，もっと深刻な課題を抱えている人々であったことがおわかりいただけるだろう．医師をはじめ，医療スタッフたちが「退院は

無理だ」と判断した患者さんたち．その患者の「それでも帰りたい」という願いに医療ソーシャルワーカーたちは徹底して向き合い，上記のような粘り強いかかわりの末に，無事在宅療養生活を実現させている．彼らは魔法を使ったのではなく，使った技術は社会福祉援助技術のソーシャルワークである．

たとえ病や障害を背負っても，自分らしい人生を自分で決めたいと誰しも願うものである．そうした患者の願いを実現することは，病院の方針（理念）とも一致するはずである．ただし，そこに医療ソーシャルワーカーの介在があればこその話である．

医療ソーシャルワーカーの人件費問題

病院には残念ながら医療ソーシャルワーカーがいなかった．病院の収入源である診療報酬上，医療ソーシャルワーカーの人件費の補塡はなく，その配置は病院の自助努力に委ねられているのが実情である．診療報酬点数表の記載で，看護師を始めとする理学療法士など他のコメディカルスタッフと並列で末尾に登場するに過ぎない程度の参入では，人件費確保には到底結びつかない．

点数表に医療ソーシャルワーク業務が単独で記載されるか，または一般診療の設置基準に規定されない限り，有効な人件費財源確保にはなり得ないであろう．

医療改革が進み，病院の倒産，縮小，介護保険施設への移行がみられる今日である．とりわけ，民間の中小病院は人件費の圧縮を図らざるを得ない．公立病院，大規模病院など経営上ゆとりのある病院は医療収益から医療ソーシャルワーカーの人件費を捻出し，補塡することができる．都市や地域や医療機関の設置主体などによって，医療ソーシャルワーカーが偏在する現状では，この機能を広く国民が利用するには程遠く，今回のような事件が起こるのである．医療ソーシャルワークサービスが求められているのは，むしろ今回のような社会的入院患者を引き受けてきた中小民間病院である．さらに今，厚生労働省では37万床ある療養病床を2012年度末までに15万床に減ら

す方針を出している．国が強力に推進している施設医療から在宅医療への流れの中で，今後中核を担う診療所にも医療ソーシャルワークサービスは求められるであろう．

　病院や診療所の医療ソーシャルワーカーの人件費財源確保には，介護保険でのケアマネジャーのケアマネジメントの給付に類する方法で医療保険からの給付が考えられないものだろうか．まったくの私案であるが，提示しておく．

　各医療施設に医療ソーシャルワーカーが配置されるのが困難であれば，医師たちがチームを組むように，地域の医療施設グループごとに医療ソーシャルワークステーション（NPO法人や施設併設などでも良い）を配置し，そこから医療ソーシャルワーカーを派遣する形態もあるだろう．また，社会保険労務士がそうであるように，開業医療ソーシャルワーカーが医療施設と業務契約する形態も考えられよう．財政上，人件費は増えるが，その費用分相当の医療費の削減に繋がり，患者のQOLに寄与するものと考える．

　ここに掲載する事例のひとつひとつが，そうした医療ソーシャルワーカーの位置づけに関してドラスティックな制度改革の緒につながるエビデンスとなることを確信している（村上須賀子）．

目　　次

はじめに（村上須賀子）　i

第Ⅰ部　在宅医療への潮流

第1章　21世紀における在宅医療の意義と課題
　　　　　（京極高宣）………………………………………3
　1　在宅医療の必要性 ………………………………3
　2　在宅医療が今日まで来た経緯 …………………5
　3　在宅医療を阻む壁 ………………………………7
　4　国の政策動向と国診協のあり方 ………………12

第2章　医療経済と医療ソーシャルワーカー
　　　　　（山舘幸雄）………………………………………15
　1　医療の現状と医療ソーシャルワーカーの必要性 ……15
　2　岩手清和病院の現状から ………………………17
　3　ソーシャルワークを病院経営にとって
　　　不可欠な機能に …………………………………20

第Ⅱ部　在宅医療ソーシャルワーク実践

第1章　在宅医療ソーシャルワーク実践事例調査の概要
　　　　　…………………………………………………25
　1　調査の目的と概要（小嶋章吾）…………………25
　2　事例の全体像（永野なおみ）……………………27
　3　事例提供者の全体像（石田路子）………………34

第2章　在宅支援物語 ……………………………………………39
　　はじめに（村上須賀子）……………………………………39
　　（事例1）　脊損の少女への自宅退院に向けたソーシャルワーク／（事例2）　気管切開後のケアを要する患者の退院支援／（事例3）　交通事故で重度の後遺障害を負った30代男性の在宅療養支援／（事例4）　在宅人工呼吸療法を導入する患者・家族への退院援助／（事例5）　医療依存度が高い患者の在宅療養とデイケア利用による退院支援／（事例6）　在宅療養を希望するALS患者の療養環境整備／（事例7）　地域関係者を巻き込んだネットワーク形成による在宅復帰／（事例8）　単身者とその家族への生活支援／（事例9）　在宅生活を希望する夫と，介護に不安を感じる妻／（事例10）　妻の決心を支援する／（事例11）　全介助患者の退院実現／（事例12）　リハチームアプローチで重度中途障害者の自宅退院を実現／（事例13）　リハビリ目的の転入院患者の自宅退院を実現／（事例14）　患者夫婦の意思を尊重し，親族や関係機関と連絡・調整を行い退院となった事例／（事例15）　機関を超えた援助による障害を抱えた父子の生活の立て直し／（事例16）　単身障害者の退院を実現／（事例17）　在宅への退院に向けて揺れ動く患者の気持ちを支え退院実現／（事例18）　日常生活の支援を通して退院へ／（事例19）　公的サービスに該当しない末期患者への在宅支援／（事例20）　胸腰椎圧迫骨折後の独居高齢者への退院支援／（事例21）　介護保険制度及び身体障害者福祉制度対象とならない患者への退院支援／（事例22）　生きる力で取り戻した命と生活／（事例23）　単身高齢者の退院後の住居・経済問題，人間関係を調整・支援し，退院を実現／（事例24）　高次脳機能障害を抱えた単身高齢者への3年間の支援

（コラム）　暮らしに寄り添うということ（小出由美恵）…147
第3章　在宅医療ソーシャルワークの専門性 ………………157
　1　在宅支援物語——ソーシャルワーク視点からの解説
　　　（永野なおみ・小嶋章吾・横山豊治・梶原敏臣・
　　　竹中麻由美）………………………………………………157

2　変革へのアプローチ（村上須賀子・黒岩晴子）………178

第Ⅲ部　在宅医療ソーシャルワークの機能と展望

第1章　在宅医療ソーシャルワークの機能……………187
　　　1　在宅支援におけるプロセス（永野なおみ）…………187
　　　2　在宅支援における留意点（竹中麻由美）……………191
　　　3　在宅医療の情報集約機能（永野なおみ）……………194
第2章　医療ソーシャルワーカーの今後の展望
　　　　　　（横山豊治）………………………………………199
　　　1　教育………………………………………………………199
　　　2　環境整備…………………………………………………206

結びにかえて（村上須賀子）　213

事項索引　219
執筆者一覧　223

第Ⅰ部　在宅医療への潮流

第1章　21世紀における在宅医療の意義と課題

　本章は，2005年9月9日の㈳全国国民健康保険診療施設協議会（以下，㈳国診協）の北海道大会での講演記録を元にしている．国診協の理念は地域包括医療の実践と地域包括ケアシステムの構築にあるが，これは保健・医療・福祉の総合的一体的サービスを地域で提供し，地域住民が生まれてきてから一生を通じて安心して生活できる地域づくりに貢献することである．地域における保健・医療・福祉の総合的・一体的サービス提供によって，地域住民の信頼をさらに高めることが国民健康保険診療施設（以下，国保直診）のさらなる発展への道と考えている．

1　在宅医療の必要性

　21世紀の高齢者医療に関しては，やはりこれからは患者本位で考えていく必要が，いいかえれば，病院医療中心から，在宅医療重視へ転換する必要があると思う．ちなみに，「最期を迎える」ということを1つ例にとると，これは平成14年度内閣府の調査であるが，65歳以上の男女にアンケートで，万一治る見込みのない病気になった場合，最後はどこで迎えたいかという質問に対して，何と50.9％の方が自宅でと答えている．その他医療施設以外を加えると，約6割の方がそういう答えになっている．ところが現実にはどうか．そうはならないわけで，アメリカ，イギリスとの国際比較を見ると，特に日本は現実には2割が在宅であり，8割が医療機関で亡くなっている．

　社会福祉の世界でも，従来はなぜ施設福祉が進んで在宅福祉が遅れていたかというと，ヒト，モノ，カネの3面でそれなりの理由があった．

まず第一に在宅で対応するには，特にホームヘルパーが重介護の方に対して，ある程度差し延べる能力を持たなくてはいけないが，当時は介護福祉士という資格制度もなければ，ヘルパー研修も進んでいなかったので，そうした能力に欠如していた．

また，第二に当時は人だけではなくて物も不十分で，たとえば住宅改修や，福祉用具の活用というものが非常に制限されていた．それが介護保険では，住宅改修は20万円までは使え，また福祉用具にはレンタルサービスが位置づけられて，非常に普及した．

さらに第三に，当時は福祉措置制度による予算上の制約があり，民間介護保険に過大な期待がもたれたが，やはり公的介護保険の構築により充分な資金が介護サービスに提供されるようになった．

さて，介護サービスにとって在宅福祉と在宅医療が車の両輪であるが，そのためにも在宅医療をどう展開するのか．在宅医療を進めるためにも，医療部門の諸サービスだけでなくて介護保険をいかに組み合わせるかが，これから恐らく介護保険法改正後に大きな課題になってくる．医療の機能は，通常，急性期，回復期，在宅期というふうに分化させて考える方があるが，もちろん急性期においては，病院医療中心でやらざるを得ない．しかし，回復期，在宅期になると，諸外国に比べて病院の入院期間が日本は非常に長いので，できれば退院させ相応なリハビリをして，在宅に戻すのが望ましいが，それが困難になる例が圧倒的に多い．特に回復期，在宅期に関しては，今後は在宅医療を中心にするということで展開する必要性がある．

在宅医療の効果として以下が挙げられる．

① 患者の尊厳を守ることを優先

　これは患者さん自身が病院で病室に閉じこめられたくないという気持ちがあり，家族の方も，できるだけ自宅で見守りたいという気持ちもあるからである．そういう患者の尊厳を守るということが挙げられる．

② 生活の質（QOL）を保障

　入院中は，医療的なケアという点では万全を期すのであるが，生活とい

う匂いが病室ではしない．特に日本の病院も今までは多くはそうであるように白い壁で白いカーテンで仕切られ，医師も看護師なども白衣でオール白というところが多い．いくつかの病院ではそういうのを変えている．しかし全体としては，病院には生活という匂いはしない．もうちょっと生活の質を維持するようにするためには，やっぱり在宅医療が一番である．

③ 家族や地域の福祉力を向上させる

在宅でケアを行うと，専門家集団だけでは，総合的ケアができないので，家族とか地域社会の人たちも参加をしてもらうことが必要である．たしかに地域の福祉力という言葉はちょっと抽象的であるにしても，そういうものが在宅医療の背景として地域に形成され，また，発展されていく必要がある．

④ 地域のネットワーク形成

主治医が往診をするだけでなくて，訪問看護やその他ケアワーカー等，地域のネットワークというものが形成されていく必要がある．

⑤ 医療費の増嵩の抑制

この10年を見ると，国内総生産の（GDP）の伸びは0.7％で，ほぼ横ばいである．それに関して医療費は年率4.3％と，伸びている．しかも老人医療費は7.5％ということで，さらに大きい．この老人医療費は，高齢者人口の伸び率4.3％よりも大きい．もちろん財政が苦しいから医療を切り下げるという軽々な対応は正しくない．しかしながら，医療費の増嵩傾向に関して，やはり健全な方向を保つという点では，クリティカル・パス（ないしクリニカル・パス）などにより不必要な病院医療を抑制し，できるだけ早期に退院ができれば，在宅医療の伸びによって，結果的に医療費が抑えられる．

2　在宅医療が今日まで来た経緯

近年，在宅医療の重視は，国の医療政策の重点課題になっており，今まで

とまったく違った大きな時代を迎えている．国の医療方針，方向性として以下があげられる．

1つは，平成9年6月に「在宅医療推進に関する検討会」の報告で，21世紀初頭に向けての在宅医療について出されたものである．この中で在宅医療の目的，今後の方向についてということではっきりと書かれている．特に①のところでは，在宅医療の目的は，患者の希望を実現するため，主として患者宅における適切な医療提供を通じて，可能な限り患者の精神的・肉体的な自立を支援し，患者とその家族のQOL，生活の質の向上を図ることにあると書いている．②では，在宅医療に対する行政や医療従事者側の積極的な取り組みが必要な時期に来ているということになっている．

それから，21世紀に入り，平成13年6月には閣議で決定され「今後の経済財政運営及び経済社会の構造改革に関する基本方針」が出された．この中の社会保障の改革，国民の安心と生活の安定を支えるという第3章の医療制度改革のところに，医療提供体制の見直しという柱が立てられている．この中で，病院，診療所の機能分化の促進，病診連携を含めた中に，在宅医療の推進という言葉が，ついに正式の文章として閣議決定に入った．さらに2005年末に入って，「医療提供体制に関する意見（中間まとめ素案）」が社会保障審議会医療部会（17年6月29日）に提出され承認された．この中では，在宅医療の推進ということが5番目の柱として打ち立てられている．特に，できるだけ住み慣れた家庭や地域で生活を送れるよう，また身近な人に囲まれて在宅での死を迎えることができるよう，支援する体制の構築を一層推進する必要があるとしている．(1)できるだけ住み慣れた家庭や地域で生活できるようにする医療と(2)最期の看取りのことに関係して，身近な人に囲まれて在宅の死を迎えることができるようにする医療とに整理をされている．

最後に，医療提供体制の改革のいろいろな課題が解決されないと，在宅医療の推進につながらないということで，大きく3つに分けて方針が述べられている．1つは情報が積極的に提供される環境整備と，それから2つめに人材養成と，3つめに医療連携体制の構築などが例として掲げられてい

る．いずれにしても，在宅医療の推進について，国の審議会で真っ向から取りあげて中間まとめを出し，これを受けて厚生労働省は，在宅医療推進のためにいろいろな政策を構築するという段階に至っている．これは，あくまでも国の方向がそういう方向になったということで，いろいろな議論が必要である段階を少し通り越した時期に来ている．

3　在宅医療を阻む壁

国としても，患者本位の在宅医療を展望した医療体制の整備を図ろうとしている．これを進めていくにはどうしたらいいか．そうは言うものの，進めていくには拒む壁というのがいくつか存在する．

(1)　理念の壁

在宅医療というのは，イコール往診というふうに考えている方が多くいる，これは問題である．ちなみに，（財団法人）在宅医療助成勇美記念財団の在宅医療研究会の調査からは，「24時間いつでも対応してくれる信頼できる在宅医を持って，住み慣れた地域で暮らし続けたいと考えている患者を支援するための体制づくり」がこれからの在宅医療の理念ではないかということになった．その中に往診も1つの手段としてあり，もちろん携帯電話でいろいろ相談したりすることもあるし，訪問看護師が飛んで行ったりすることもある．

(2)　担い手の壁

優れた在宅医というのは，なかなか得られないので，病院にいる医療職は在宅にも飛んでいっていただいて結構であるし，それができれば一番いいのかもしれないが，なかなか病院内や診療所で患者を診ていると縛られてしまい，地域に出にくいが，これからは地域へ出ていく必要がある．

その担い手をどうやって養成していくか．勇美記念財団などは，研修医を

全国から募り，研修の費用を一部分助成するということもやっている．しかし，これはあくまで財団の自主事業であって，本来はこれはもっと国家的な事業としてやらなくていけない（注：現在は一部予算化された）．

(3) 医療ソーシャルワーカー養成の壁

さて私個人の意見であるが，確かに在宅医療の中心になるのは医師と，訪問看護師，その他の医療技術者のチームは必要であることは言うまでもないが，それに加えて，これからは在宅医療の要石となる医療ソーシャルワーカーを養成する必要があると考えている．優れた医師や看護師の個人的力量に頼るのではなくて，もう少し体制を準備して，在宅医療システムの要となる医療ソーシャルワーカーを国家資格化する必要があるのではないか．

医療ソーシャルワーカーは，全国的に見ると，医療ソーシャルワーカーの職能団体である（社）日本医療社会事業協会の会員数は，約3,000人ぐらいいる．これにはPSW（精神保健福祉士）を一部含んでいるので，厳密には精神保健福祉士を除いた難病その他の医療ソーシャルワーカーの数ではない．この団体である（社）日本医療社会事業協会は，国家資格をつくることには社会福祉士をとればよろしいという考え（いわゆる社会福祉士一本化路線）で，今は反対している．精神障害の面はそうではなくては，むしろ精神科ソーシャルワークの専門資格をつくって，患者や家族のためにやることがいいことだということで国へ働きかけ，1997年に介護保険法の成立と同時に精神保健福祉士法が作られた．現在は全国で精神保健福祉士の活躍が顕著である．

これから精神病の入院患者を，この10年間で7万2,000人をどうやって退院援助するのか，そのときのお手伝いをするのがPSW（精神保健福祉士）の仕事である．しかし彼らは残念ながら，精神障害者以外のさまざまな難病とか，末期がんとか，在宅の慢性病患者の方々に対する地域的援助はできない．もちろんそれは心ある医師と看護師で必ずしもシステム的にではなく部分的に対応している．しかし諸外国を見ると，そこにメディカル・ソーシャルワーカーという医療分野専門のソーシャルワーカーが大きな役割を果たし

ている．

　私もこの資格をつくることについては，前々から色々悩みつつ考えてきた．たとえば臓器移植のときに相談にのるとか，末期がんの方に対してターミナルケアを支えるとかいろいろな役割があるが，その役割だけで個別的に対応する専門的な医療ソーシャルワーカーの国家資格化というのができるかというと，無理があると思うようになってきた．

　かつては，医療ソーシャルワーカーは結核だとか，低所得者の医療について，いろいろな患者や家族のお世話をしてきた．病院を紹介したり，あるいは医療扶助を請求したりしてやっていた．これで十分成り立っていたようにみえたが，その程度のことであれば，資格は社会福祉士でもいいし，社会福祉主事任用資格でも十分である．特に医療扶助の請求ではなくて，本当の患者の生活を地域で見守っていくということになると，特に在宅医療推進の要として，在宅医や看護師とともに活躍する生活支援の専門家としての医療ソーシャルワーカーを考えないと，権限や診療報酬などの面で難しいので，やはり1つの国家資格をつくる必要があるのでないか．むしろ在宅医療の展開という戦略に立って，必要なソーシャルワーカーを配置することを先に決めて，医療ソーシャルワーカーのあるべき資格を作るというふうに考えた方が日本の在宅医療のためにいいのでないかと思う．ただし，誤解のないように申し上げると，たとえば看護師にも道を開き，ケアマネジャーにもチャンスを与え福祉系の学生にも道を開くという，いろいろなルートを開いてあげる必要がある．登山の例で言うと，富士山の登り口がいろいろなところにあるけれども，結果的には頂上に到達すればいいので，福祉系だけしかやってはいけないとか，医療系しか道がないということはよくない．そういう国家資格をつくれば，もちろん業務独占で他を排除することになる．在宅医や訪問看護師をかなり助けながら，生活支援の視点で地域での生活援助を近隣の社会資源の活用などで行えるのでないか．医療チームでやっていくときに，生活支援の面でのサポート役に徹してくれれば，国家資格は十分可能だと思うようになってくる．この点はあくまで私の個人的な問題提起であるが，在宅

医療の今日的重要性に鑑みて，現在はいよいよ時期が来たかなと考えている．今まで，医療ソーシャルワーカーの職能団体である（社）日本医療社会事業協会は，精神保健福祉士資格をつくるときにも反対の立場であった．そして，社会福祉士のみを医療ソーシャルワーカーの資格とする考えを今日まで持ち続けている．いわゆる社会福祉士一本化路線で，ソーシャルワーカー資格は1つだけでよいとする観念論的な立場である．したがって医療ソーシャルワーカーのための新たな国家資格化には反対のようであるが，もう少し柔軟に地域の医療関係の方々が納得して一緒にやろうではないかという，医療ソーシャルワーカーの資格ができていけば，在宅医療はさらに前進するのではないだろうか．またその国家資格は，多くの経験豊かな社会福祉士と共に看護師，保健師にも受験資格を与えるものとしていかなくてはいけない．福祉系だけを優先して，看護系を排除するような考え方を私はとらない．これはいずれ大きな政策課題になっていくと思うが，そういう人材の壁，これを何とか取り除くことが課題である．

(4) 診療報酬の壁

これは厚生労働省の方は非常に嫌がるかもしれないが，診療報酬の壁というのがある．つまり在宅医療をした場合より，病院で診断・治療した方が儲かるので，在宅医療なんかをなまじやると，お金ばかりかかって経営が成り立たなくなるというのが，実態ではないかと思う．かといって，国が在宅の往診費用をむやみに上げていけばいいということでない．たとえば往診料にしても，訪問看護にしても，24時間加算などいろいろな点で，やっぱり在宅医療を優先すれば，収入も上がるという仕掛けをつくらない限りは，在宅医療は進むはずがない．経済原理や経営原則が働くから，病院医療中心になってしまうのである．

もちろん厳密には，国民意識の壁もあり，治療に関する国民の意識改革も大事である．とかく大病院に入れば安心だという気持ちがあり，それを払拭しなければならない．急性期の病院医療以外は，主治医（かかりつけ医）を

信頼し，在宅医療でなるべく頑張るのだという考えが育っていなければならない．国民の意識の改革ということも必要だが，やはり診療報酬の在り方については，多少の報酬が精神保健福祉士と並んで社会福祉士にも付いたが，それに満足するのではなく，専門職として人的配置が十分可能な報酬体系をめざして一工夫も二工夫も要る．

(5) 医療の規制緩和

　看護師の行為で，診療の補助行為や療養上の世話は看護師でなければならないと現行ではそうなっている．しかも家族はその除外となっているという矛盾がある．ちなみに私はケアワーカー，特に介護福祉士は，これから将来的には3年制を目指すと，今の2年制に少なくともプラス1年間，ベテラン看護師の指導下で，専門的な訓練等を受け，もう1回試験を受けて専門介護福祉士になるということも，検討されてくると思う（注：2007年の社会保障審議会福祉部会の意見でそうなった）．そういう方々がしっかりと訓練を受けた上で，看護師のキチンとした指導のもとでやれば，在宅医療のアシストもかなりのことはできるのでないか．

　現在，介護職に許される業務は，介護現場等で判断に疑義が生じることのない行為であって，原則として医療行為でないと考えるものということで，一応通知が出ている．基本的なところは医師の判断，あるいは看護師の指導というのを担保していなければならない．そうした中で，アシストもかなり広がっていくのではないかと思う．

　それから，いろいろな医療機具についてである．在宅医療で使える道具，機具その他いろいろなことに関しても，どこまでやれるかを，専門的な医学的知見などを十分集約して，なるべく在宅でできるものは在宅でやれることが望ましい．

　国の方でも今幾つか実験的なことをやっていて，たとえば中医協の診療報酬調査専門組織の医療技術評価分科会などで，ハイテクの医療器具を用いた在宅医療を普及させるために調査結果をまとめている．調査対象となったの

が6療法（在宅酸素療法，在宅中心静脈栄養法，在宅人工呼吸療法など）であり，重症度にかかわらず，完全に社会復帰を目指しているケースもでている．ハイテク医療も在宅でいろいろやっていけば，相当広がっていく可能性がある．ただし，医療の安全性をあくまで担保にしなければいけないということは，言うまでもない．

さて，先ほど御紹介したクリティカルパス（あるいはクリニカルパス）をそれぞれ地域でつくっていただく場合に，国保直診の医療機関においても，そういう実験的な試みをいろいろやっていただければ大変進むのでないかと思っている．

4　国の政策動向と国診協のあり方

病院医療費の増嵩というのは，一時的に介護保険法を施行したときには，介護保険によって相当抑制されるのでないかという期待もあった．しかし，これは現在のところ結果的にはそうなっていない．経済財政諮問会議でも大きな問題になったし，いろいろな要因が絡んでいる．軽々なことは言えないとしても，これからは医療保険と介護保険をうまく一緒に使っていくということを認めて，むしろそのことが社会保障の効率化としていいことだと思う．今まではやってはいけないという感じだったが，むしろ有効に結びつけて，病気のある方が在宅でケアスタッフの支援と，それから医療スタッフの支援の，両方でもって生活できるようにするということを，むしろ常道にしなければいけない．今まではそれをすることは，一部の例外についてのみよろしいと言っていたのだけれども，それでは困るのではないか．ぜひこの併用をどんどん広げていくということが重要である．

また，幾つかの施設では老健施設をつくる際に，デイサービスセンターを併設するとか，あるいはケアセンター的なものをあわせて準備する，あるいは地域との連携でそういうものを抱えていくというようなことも，これからの（社）国診協の戦略として大きいのでないか．

今，介護保険改革では，介護予防と健康増進に力を入れている．健康増進の中では，いろいろな段階があって，非常に初期の段階は，本当に健康維持，栄養とか体を鍛えることであるが，次の段階は生活習慣病を予防する．それから，病気になったとしても，介護が必要になっても，それ以上介護度が重くならないように努力するという諸段階がある．いずれにしても介護予防と健康増進が進展すれば，その分医療費や介護費は明らかに抑制される．他方で，在宅で医療と介護の両保険を上手に併用すれば，不必要な病院医療はかなり抑えることができるのではないか．

　医療費の軽減については，何か財政的な理由だけで軽減ということを非常に強調する向きはあるけれども，政策的な意味で正しく軽減を図るということは重要である．もちろん軽減自体を必ずしも自己目的とするのでなくて，結果的にいい在宅医療，いい包括的ケアをすることによって医療費が下がるということは，本当に望ましいことである．そうした改革を避けて，お金は幾らかかってもいいという時代では，もはや今日はないような気がする．

　特に介護予防とか健康増進については，これは保健所でやることだ，市町村の役場でやることだとセクショナリズムでやることではない．特に地域包括支援センターができるが，介護予防などもそこの仕事で，私ども医療機関は関係ありませんということではない．もう少し地域住民の医療教育だとか，あるいは介護予防，健康増進に関して，特に生活習慣病予防に関して国診協が積極的にかかわっていくということが重要で，これからの地域に根差した国保直診の医療施設の在り方でないか．

　これまでも地域医療中心であった国保直診の医療施設が，やはりこれから21世紀において，他の医療機関に優る展開をされるということが，日本の医療全体の進歩につながっていくと確信している．もちろん病院医療の中で急性期疾患の難しい問題，難病その他，これはもう解決しなくてはいけないので，世界に日本は発信していく価値があるが，あわせて地域での展開でのすぐれた経験というものを世界に発信していく必要もあるのでないか．特にアジアにおいて，今いろいろな難しい病気があり，たくさんの方が亡くなっ

ているけれども，在宅医療面での国際的な社会貢献ということも，これから考えていっていいのでないか．中近東に対してもついついお金を出し，物を贈り，病院を建てたり，場合によっては自衛隊を派遣するということで満足していていいのか．やはりもっと大事なことがあるのでないかと思う．そういう点で，モデル的な地域医療をぜひ皆様方がこれからさらに実験的に試みていただき，それをできれば日本全国のみならず，世界に発信していっていただければ，大きな歴史的な意義が果たせるのではないかと思っている（京極高宣）．

付記：本章は，2005年9月9日の（社）全国国民健康保険診療施設協議会の北海道大会での講演記録「21世紀における在宅医療の意義と課題」を元に加筆修正を施した．

第2章 医療経済と医療ソーシャルワーカー

　医療ソーシャルワーカーは直接的に診療報酬を算定できるものがほとんどないことから，長年「非採算部門」といわれてきた．しかし，果たしてそうだろうか．本章では，医療ソーシャルワーカーと病院経営との関係性について考えてみることにしたい．

1　医療の現状と医療ソーシャルワーカーの必要性

(1) 医療制度改革と在宅医療の推進

　医療制度改革（医療法改正と診療報酬改定など）により，高齢者医療の縮減（介護保険化），入院医療費の包括点数化などが進められている．病院経営にとって一番の課題は，定められた平均在院日数をクリアすることである．病状が安定しているか否かに関わらず，退院あるいは転院させなければ減収の憂き目に会う．病院機能分化により入院治療は1つの病院で完結する時代ではなくなってきている．
　医療制度改革のもうひとつの課題は在宅医療（在宅死）の推進である．2006年度の診療報酬改定で在宅医療支援診療所といわゆる「地域連携パス」が新設されたが，これらは，従来病院で看取っていたものを在宅での看取りに切り替えることを意味する．在宅医療にどう取り組むかは病院経営にとっても大事な課題になってくる．

(2) 医療における情報の非対称性とそれをサポートする専門家の必要性

　退院（転院）を告げられた患者とその家族は，短期間の中で「次の場所」を決めなければならない．しかし，病院側と患者・家族との医療や病気に関する情報量の圧倒的な違いが軋轢を生じさせる場合がある．たとえば，病院側にとって脳卒中や癌などは「よくある病気」であり，めずらしいものではない．しかし，多くの患者・家族にとっては「初めてのこと」であり，「極めて特別な出来事」である．病院が通常の手順に従って退院の話をしたとしても，患者・家族は不確かな情報・知識をもとに「突然退院を言い渡された」という思いになっても致し方ないといえる．

　短期間で決めなければならない状況に直面している患者・家族が欲しているのは「生きた情報」である．情報の非対称性のある医療においては，それをサポートしてくれる「専門家」が必要である．

(3) 病院・施設選びのサポーターには誰が適任なのか

　地域医療連携室の配置職員をみると，医療ソーシャルワーカー，看護師，事務員という構成が一般的で，開業医等からの診療・検査等の申込みや報告書の発送など紹介・逆紹介に関する業務を看護師が担当し，転院援助や様々な相談業務を医療ソーシャルワーカーが担当するところが多いようである．筆者も，退院（転院）援助業務は医療ソーシャルワーカーがより適任ではないかと思っているが，それには理由がいくつかある．

　第一に，転院先を決めるための要素は病状だけではないということである．入院後，医療的ケアが中心の段階では病院に対して協力的な家族が，退院・転院の話が出てから，態度が変わってくることがある．つまり，入院時から担ってきた「患者とその家族」という役割は，退院通知を契機に縮小していき，代わって「生活者」としての割合が高まるのである．家族関係，介護者問題，経済的問題など患者・家族の抱える様々な生活上の問題が表に出てく

るからである.

　退院（転院）援助を行うには，保険や医療費助成制度，今後利用可能な制度，経済状況，家族状況など様々なことを勘案しなければならない．また，ただ知識として知っているだけでなく，地域にある社会資源とのネットワークを持っているか否かも重要な要素である．

　第二に，効率性である．たとえば，明らかに入院治療の継続が必要な患者を他院に転院させる場合は，社会保障制度についてある程度の知識があれば他の専門職でも転院援助は可能と思われる．しかし，転院ではなく在宅という選択をした場合，介護保険や障害者福祉等幅広い知識やネットワークが必要となるので，多方面から情報を得たり，他の専門職にバトンタッチしたりしなければならない事態が生じる．

　転院・在宅の両方を想定し，最初の段階から担当者を変えずにフォローすることが可能なのは医療ソーシャルワーカーだけではないかと思う．

　もちろん，それは質の高い医療ソーシャルワーカーが養成されてこそいえることであり，それに関しては第Ⅲ部を参照されたい．

2　岩手清和病院の現状から

（1）医療ソーシャルワーク機能の変遷と増員の経緯

　当院は，1973年開設時から1名の医療ソーシャルワーカーが採用されており，筆者は1983年に前任者の退職に伴い採用された．その後，徐々に増員され，2007年4月現在，医療福祉相談科に9名配置（他に精神科デイケアに2名）されている．

　医療ソーシャルワーカーは，医師・看護師などのように配置基準が規定されているわけでもなく，作業療法士のように配置基準はなくても個別業務の診療報酬点数が規定されているわけでもない．その中でも増員されてきたのは，次のような理由があってのことではないかと考えている.

① ニーズの増加

　筆者が採用された当時，当院の病床は502床で，医療ソーシャルワーカーは筆者1人だった．筆者自身の基本方針として，初任者ということもあって，「医療ソーシャルワーカーである前に一病院職員」として病院運営に貢献したいと考えて，相談室で来談者を待つのではなく，積極的に病棟に入るようにしていた．その結果，医師や看護師からの依頼が少しずつ増えて，採用後1年もすると1人では対応困難となってきた．場合によっては依頼を受けても1週間後の対応ということもあり，医療ソーシャルワーカーが1名増員となった．

　ただし，この状況は医療ソーシャルワーカーがいると助かる，というレベルであって，必要不可欠というレベルではない．統計を取り，相談件数をアピールするだけでは，「頑張っている」と評価されても，それ以上の増員は期待できない．

② 退院支援と関係機関との連携

　以前は社会復帰施設等の社会資源がほとんどないこともあって，当院もいわゆる社会的入院を多く抱えていた．それが1987年精神保健法の施行を契機に様変わりし，地域に社会資源も少しずつ増えて，徐々にではあるが退院する患者も増えていった．

　1992年から全入院患者に入院時面接を開始した．家族状況・経済状況・退院後の受け入れ方針などを把握し，それを医師・看護師に情報提供することで，入院早期から退院に向けて取り組めるようにした．また，精神療養病棟の認可に向けて，それまで増加の一途をたどってきた病院も開設以来初めて病床削減を行った．

　このころは，個別相談に対応するだけではなく，医療ソーシャルワーク機能を病院に定着させ，病院のシステムを改善していくことで特に長期入院者の退院を促進したいと考えていた時期である．退院支援が業務の中心になると，当然医療ソーシャルワーカーは1人でも多く必要になってくる．また，関係機関との連携を進めるには，電話だけでなく，直接会って

話し合うことが大事である．そうなれば，院外に出かける機会は必然的に増えるが，それが連携・ネットワークづくりの核ともいえる．

さらに外来患者のケアの一端を担っている．外来患者の訪問看護・指導はもちろん，グループホームの管理責任者やケアマネジメントなどの地域生活支援を行い，再発予防に大きな役割を果たしている．医療ソーシャルワーカーも2名から5名と増員されていった．

(2) 医療相談室の機能拡大のキーポイント

当院の医療福祉相談室の歴史をみると，医療ソーシャルワーカーの機能を十分に生かすには，一定数配置することが重要なポイントといえる．つまり，病院に1～2名のみの配置では個別援助が中心であり，病院経営への貢献は小さいと言わざるを得ない．

精神科の専門病棟の施設基準は，1病棟1ワーカー担当制（精神科救急病棟は2名必置）であり，当院もやっとその体制になろうとしている．1病棟1ワーカー担当制は，いつでも依頼が受けられ，入院早期からの対応が可能になり，医療チームの一員としての役割分担がより明確になっていくと思われる．また，院外への外出や関係機関訪問も比較的無理なく行え，「生きた情報」を収集することができる．それがネットワーク形成に役立ち，結果として退院促進に繋げられる．

なお，医療ソーシャルワーカーが平均在院日数の短縮にも貢献できることについては，関田康慶ら（2006）の研究報告があるので，それを参考にしていただきたい．

さて，医療相談室の課題は様々あるが，そのうちの1つは増大する外来ケースである．退院が本格的な関わりのスタートで，地域生活支援を病院が引き続きしなければならない状況にある．外来ケースを地域の専門機関にバトンタッチしていくシステムが構築できれば，もっと社会的入院者などの退院支援を強化できるのではないかと考えている．

3 ソーシャルワークを病院経営にとって不可欠な機能に

(1) 在宅医療ソーシャルワークに診療点数を

　2006年4月の診療報酬改定で，ウイルス疾患治療病棟など一部の病棟の配置基準に社会福祉士及び精神保健福祉士が明記された．HIV等の患者の療養には，心理社会的なサポートが必要と考えられたためと思われる．その他にも回復期リハビリテーション病棟などにもソーシャルワーカーの配置が義務付けられている．しかし，病床の大多数を占める特定機能病院，地域医療支援病院，一般病院，療養病床にソーシャルワーカーの配置基準はない．医療ソーシャルワーカーの配置促進のためのポイントはやはり診療報酬であろう．それも，特殊な領域から徐々に配置を明記していくのではなく，思い切って在宅医療ソーシャルワークに診療報酬点数をつけることを考えてみてはどうか．たとえば，2006年度の診療報酬改定でいわゆる「地域連携パス」が新設されたが，それをさらに実効力のあるものにするためには，医療版ケアマネジメントが必要ではないかと考えている．退院時ケアプランを病院の医療ソーシャルワーカーが作成し，それを転院先診療所の医療ソーシャルワーカーが引き継ぎ，ケアプランを更新していく．つまり，医療を引き継ぐだけでなく，ソーシャルワーク機能も引き継ぐことで病院から地域にスムーズに移行していけるのではないか．それが結果として，在宅医療を支え，再発・再入院を少なくすることが出来るなら，診療報酬新設に値するものと確信する．

(2) 医療ソーシャルワーカーの定着のために

　以前，保健医療分野の専門職がよりよい仕事をするための条件として，①先輩・同僚からのサポート，②知識・技術，③待遇，の3点が重要である，というレポートを読んだことがある．医療ソーシャルワーカーの現状に照ら

し合わせて考えると,どれも不十分といわざるを得ないのではないか.

　すべての医療機関に,その病棟機能などに応じた適正な数の医療ソーシャルワーカーが配置されるようになるためには,患者・家族のニーズに応えられる人材を養成するとともに,病院・診療所の経営にとっても有意義であることを現場の医療ソーシャルワーカーがエビデンスに基づいて明確にしていくことが重要である(山舘幸雄).

参考文献
関田康慶,阿部真奈美(2006)「医療ソーシャルワーカーのコーディネート機能による機能連携への貢献　平均在院日数短縮への貢献」『病院』65(3) 586-589.

第Ⅱ部　在宅医療ソーシャルワーク実践

第1章 在宅医療ソーシャルワーク実践事例調査の概要

　第Ⅱ部は，財団法人在宅医療助成勇美記念財団による2005年度在宅医療助成を受けて行った調査研究「わが国の在宅医療における医療ソーシャルワーカー実践事例の調査研究——医療ソーシャルワーカーの国家資格化と養成カリキュラムのあり方を求めて」（研究代表者　京極高宣）の『調査研究（最終）報告書』（2006年8月30日）をもとに，再構成したものである．

1　調査の目的と概要

(1)　調査研究の背景及び問題意識

　地域医療・地域福祉の時代にあって，施設ケアとともに，在宅ケアが重要視されており，医療ソーシャルワーカーは，入院医療・在宅医療を問わず，患者の療養生活の支援に不可欠の役割を演じている．だが，患者の入院時や退院・転院時の支援に関する研究に比べ，退院後の在宅医療における医療ソーシャルワーカーの役割研究は，必ずしも十分ではない．チーム医療が医療機関内で完結していると考えられる入院医療に比べ，在宅医療においては，保健医療専門職のみならず社会福祉専門職を含めたより広範なチームケアを必要とする．また患者・家族の地域生活の支援には，保健医療や社会福祉のみならず，教育・雇用との関係，さらには近隣・地域を含めたフォーマル及びインフォーマルなソーシャル・サポート・ネットワークが不可欠となる．そういう意味で，患者の療養生活上の総合相談窓口であるとともに，保健医療と社会福祉，保健医療機関と地域社会，フォーマルな社会資源とインフォーマルな社会資源との連携・協働といったコーディネーターとしての医療ソーシャルワーカーの専門性は，在宅医療においてこそ問われていると言ってよ

いであろう．あおぞら診療所の和田忠志医師も，医療ソーシャルワーカーは，「医療の連携や，医療制度活用の専門家で」あると述べ，医療ソーシャルワークの有用性について強調している[1]．こうしたことから，在宅医療における医療ソーシャルワーカーの実践事例に着目した本研究の意義があると考えられた．

(2) 研究目的及び研究目標

研究目的としては，このような問題意識をもとに，在宅医療における医療ソーシャルワーカーの実践事例を収集・分析することにより医療ソーシャルワーカーの専門性の明確化を図ることである．

在宅医療における医療ソーシャルワーカーの専門性は，第一に，患者・家族への個別援助，第二に，患者会・家族会等への集団援助，第三に，患者・家族の地域のネットワークやコミュニティに対する援助，第四に，地域の関係職種や関係機関との連携・協働，第五に，医療ソーシャルワーカーとその所属機関との関係促進といった，広範で多様な援助関係において発揮されていると考えられる．

事例分析にあたって，こうした諸関係における医療ソーシャルワーカーの専門性を総合的に検討することにより，医療ソーシャルワーカーの医療機関における配置の必要性のみならず，在宅医療が展開される地域において，医療ソーシャルワーカーの役割の重要性を検証することを研究目的とする．

本調査研究を通じて，医療ソーシャルワーカーが在宅医療において，『医療ソーシャルワーカー業務指針』で指摘されているような「社会福祉学を基にした専門性」を発揮するには，社会福祉士や精神保健福祉士といった現行の社会福祉士資格で担保しうるのかを問い直し，医療ソーシャルワーカーの国家資格化の必要性とそれに見合う医療ソーシャルワーカー養成教育のカリキュラムの提案につなげることをめざしたい．

(3) 研究方法及び研究体制

　研究期間は，2005年7月，財団法人在宅医療助成勇美記念財団に対する研究助成金の申請に始まり，同年9月の研究活動の開始から，2006年8月に同財団に報告書を提出するに至る，1年余に亘る．

　研究方法としては，全国の医療ソーシャルワーカーの協力を得て，在宅医療にかかわる医療ソーシャルワーカーの実践事例について，アンケート調査票を用いて収集・分析した．

　研究体制は，当初，研究代表者である京極高宣（国立社会保障・人口問題研究所所長）のもとで，石田路子（宇部フロンティア大学），梶原敏臣（山口赤十字病院），黒木信之（名古屋第二赤十字病院），小嶋章吾（国際医療福祉大学），竹中麻由美（川崎医療福祉大学），永野なおみ（国際医療福祉大学），丸田育美（宇部フロンティア大学），村上須賀子（宇部フロンティア大学），横山豊治（新潟医療福祉大学），というメンバーで開始したが，本調査研究の趣旨への理解と調査協力を広げるため，村上須賀子が調査委員長となって「在宅医療ソーシャルワーク研究会」を組織し，これに石橋京子（岡山大学医学部歯学部附属病院），川村博文（日本社会事業大学大学院），権田吉儀（総合上飯田第一病院），杉田惠子（医真会八尾総合病院），徳富和恵（宇部フロンティア大学），山本邦男（塩竈市民病院）が加わって実施した（所属は当時）（小嶋章吾）．

注
1) 和田忠志（財団法人在宅医療助成勇美記念財団ホームページ編集委員会）「在宅医をみつけるには」(http://zaitakuiryou-yuumizaidan.com/findoutdoctor.htm，2004年10月).

2　事例の全体像

　ここでは101事例の患者について，その病状や障害の程度，受けている

医療処置，家族構成等の全体像を概観し，患者の置かれた状況から，医療ソーシャルワーカーの援助のあり方を読みとっていく．

援助の対象である患者の性別は，男性が60名（59.4%），女性が40名（39.6%），無回答1，また年齢は40歳未満が10名（9.9%），40歳以上65歳未満が39名（38.6%），65歳以上が50名（49.5%），無回答2であった．

（1） ADLと医療処置

患者のADLレベルは，以下図Ⅱ-1のとおり，理解力，コミュニケーション能力は高い人が比較的多いものの，入浴，食事，尿排泄，便排泄，移動の身体的機能のレベルは概して低く，日常生活のほとんどの場面で介助を要する患者が多くを占めていた．特に入浴と移動の2項目で自立の割合が低く，入浴不可という回答も5例あった．人工呼吸器の装着や癌の末期の皮膚浸潤によるもので，いずれも重篤な状態の患者である．また移動は独歩可能な患者が22%，車椅子に頼るという患者が40%近くにのぼり，移動不可という回答も22%と高率であった．

また尿排泄，便排泄共に，自立しているという回答が約40%であったが，一方で日常的にオムツを使用している患者も共に42%と多かった．自立という回答の多かった食事についても，胃ろうやIVH等により経口摂取のできない患者が11%を占めており，これらの数字から，同居する家族の介護負担の大きさが示された．

また何らかの医療処置を受けている事例についてみると，以下図Ⅱ-2に示すとおり，カテーテル留置，中心静脈栄養，気管カニューレ挿入，在宅酸素，パウチ管理（人工肛門・人工膀胱）等を要する患者が半数を超えており，医療の面で手厚いケアを必要とする患者が多いことがわかる．何らかの医療処置を受けているという回答は61人（実人数）であったが，このうち複数の処置を受けている例が28人と約半数を占め，もっとも多いものでは同時に6つの処置を受けていた．このように重篤な状態の患者も目立ち，101事例の中には，在宅療養が福祉サービスの調整のみでは成り立たない，医療

図Ⅱ-1 自立している患者の数

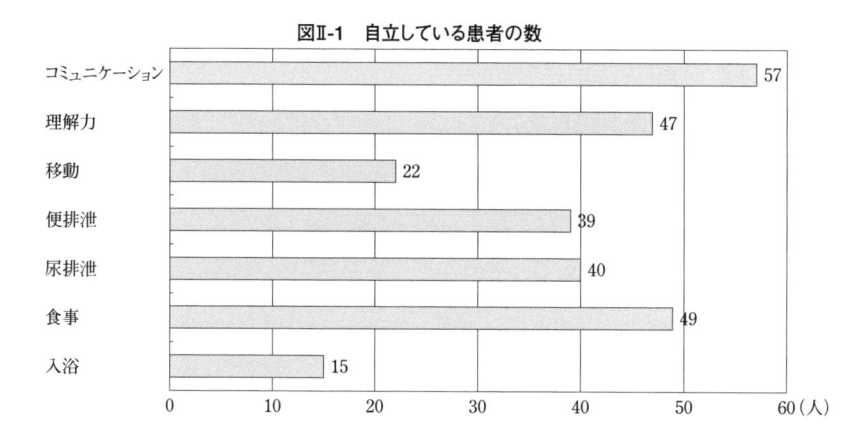

- コミュニケーション: 57
- 理解力: 47
- 移動: 22
- 便排泄: 39
- 尿排泄: 40
- 食事: 49
- 入浴: 15

(単位: 人)

図Ⅱ-2 医療処置等

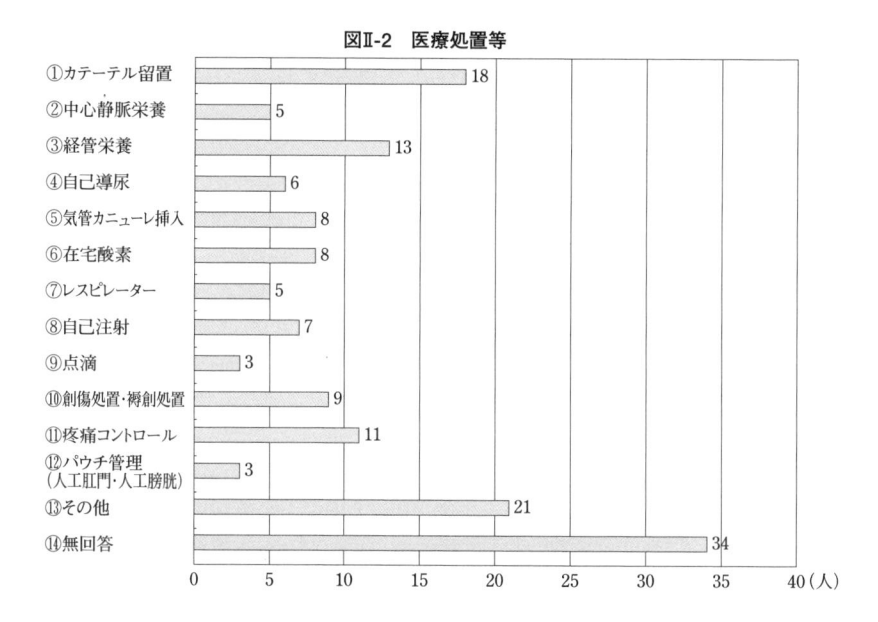

- ①カテーテル留置: 18
- ②中心静脈栄養: 5
- ③経管栄養: 13
- ④自己導尿: 6
- ⑤気管カニューレ挿入: 8
- ⑥在宅酸素: 8
- ⑦レスピレーター: 5
- ⑧自己注射: 7
- ⑨点滴: 3
- ⑩創傷処置・褥創処置: 9
- ⑪疼痛コントロール: 11
- ⑫パウチ管理(人工肛門・人工膀胱): 3
- ⑬その他: 21
- ⑭無回答: 34

(単位: 人)

の面で手厚いケアや管理を必要とする人たちが数多く存在することが確認された．

(2) 障害認定

また何らかの障害認定を受けている患者は，全体の70％を超えており，そのほとんどを身体障害が占めていた．その等級の内訳は，1級が52％，2級が19％と合わせて71％に達し，重度の障害者の割合が高いことがはっきりと示されている．障害の種別をみると，肢体不自由が多くを占めていたが，複数の障害認定を受けている重複障害も4例あった．この結果からも，101事例の多くが，身体レベルの低い重度の患者を対象にした援助事例で，在宅での生活は容易でないと思われる人たちが多いことが読み取れる．

この他に，精神障害者保健福祉手帳や療育手帳を所持する患者もみられ，身体障害者手帳を合わせて所持する患者もあった．医療ソーシャルワーカーの援助が要介護状態の高齢者ばかりでなく，精神疾患を抱えた人や若年層をも含む幅広い人たちを対象としていることが読み取れる．

(3) 保険と公費負担・経済状況

次に健康保険についてみると，65歳以上の高齢者の割合が高いことから国民健康保険の被保険者が多くを占めていた．同様に介護保険の適用を受けている患者も多かったが，未申請が15人，非該当が20人と，介護保険を利用できない年齢や疾病の患者の割合も見過ごせないものであった．また重度障害者として医療費の公費負担を受けている患者は39人，老人医療の受給者は30人であった．

近年常に注目されてきたのは，高齢者の在宅医療であるが，医療ソーシャルワーカーが所属する病院には，総合病院，リハビリや小児医療を専門とする病院も数多くあり，介護保険の対象とならない患者も多数存在している．医療ソーシャルワーカーの援助は，対象者の年齢や障害などで限定せず，すべての患者に対応する全般性をもったものであることが改めて確認された．

生活保護受給者は 17 名で，経済的な面で制約の多い患者に配慮しながら援助を行っている事例が多くみられた．その詳細をみると，在宅への退院援助の際，医療ソーシャルワーカーが援助して生活保護申請を行っているものが 4 人，生活保護故の制約の中で，経済的問題に対応しながら在宅への退院を実現している事例も 4 例みられた．この他にも，援助を開始した時点ですでに申請中であったり，援助の過程で保護の可能性を検討した事例も多くあった．さらにこれらの患者の事例では，医療ソーシャルワーカーによる福祉事務所との連絡調整も密に行われており，医療ソーシャルワーカーの援助によって福祉事務所の担当者との関係が改善した事例もみられた．

　在宅療養にも経済的な基盤は不可欠であるが，この 101 事例の患者の中には，そのような基盤をすでに失っていたり，あるいは脆弱である人たちが多かった．

（4）　家族構成

　家族構成については，以下図 II-3 のとおり単身者が 29％，夫婦のみ世帯が 19％と，在宅療養に十分な人手を同居家族にもたない患者が半数近くを占めていた．世帯人員が少ないことは，在宅療養には非常に不利な条件であるが，にもかかわらずこれらの事例で在宅への退院やその継続が可能となっているのは，やはり医療ソーシャルワーカーの援助の力が大であると考えられる．

　特に単身者の事例には，自分自身で生活や病気の管理ができなかったり，近隣等周囲との関係がほとんどない，経済的に困窮している等，本来なら在宅での生活は望めないと思われるものも目立った．しかし厳しい条件の一方で，在宅で生活したいという強い思いをもつ患者が多く，医療ソーシャルワーカーは本人の意思を尊重し，施設入所しかないとする家族や医療スタッフにその可能性を伝えて自宅退院の方向づけをしたり，住宅改修を適切に進める等，様々な手続きを患者に代わって行い退院のための準備を整えていた．合わせて患者の心に寄り添い，困難に挫けそうになったり，自己否定に陥った

図Ⅱ-3 家族構成

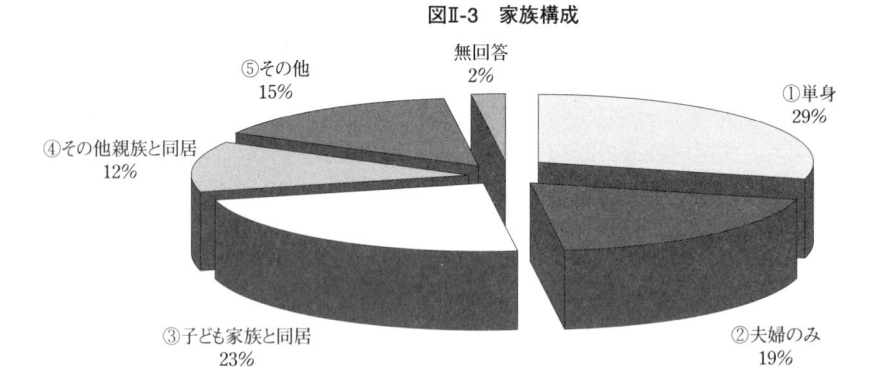

⑤その他 15%
④その他親族と同居 12%
無回答 2%
①単身 29%
③子ども家族と同居 23%
②夫婦のみ 19%

りする患者を精神的に支えていた．

　また夫婦のみ世帯の事例では，本人と家族の考えにずれがある場合も多いが，双方の意見を聞いて調整をはかり一方的な対応はしない．夜間に患者をたった1人で見守らなければならない心細さや，無理を重ねがちな生活をよく理解して，家族の不安や負担を軽減する援助が進められていた．こうした援助が地道に行われていることで，困難な生活条件が克服され在宅療養が実現していることが，多くの事例から読みとれる．

(5) 援助期間

　この事例に対する援助期間は，援助が継続中のものも含めて，回答の時点で1か月から最長8年2か月という結果であった．平均期間は11.1か月で，半年以内の終了が37%，1年以内の終了が29%であった．（図Ⅱ-4参照）医療ソーシャルワーカーの在宅療養への援助は非常に長期的な展望で行われており，援助の終結後も患者の変化に対応する態勢が維持されていることが読みとれる．多くの事例で，在宅への退院後も定期的に様子を確認する等，継続して見守りが行われており，患者の容態や介護する家族の状況に変化があった場合には，再入院の手配や在宅サービスの見直し等の対応がとられていた．

　以上の結果からこの101の事例には，その病状や障害が重いため医療へ

図Ⅱ-4　援助期間

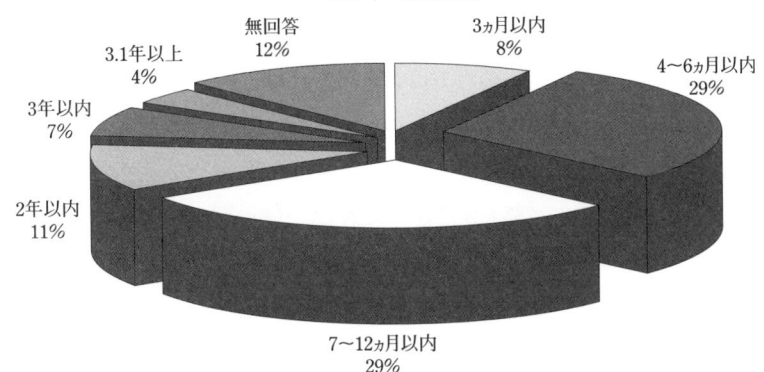

- 3ヵ月以内　8%
- 4～6ヵ月以内　29%
- 7～12ヵ月以内　29%
- 2年以内　11%
- 3年以内　7%
- 3.1年以上　4%
- 無回答　12%

の依存度が高く，また単身者や夫婦のみの世帯に属する患者が多くを占めており，通常であれば在宅への退院は非常に困難と思われる患者の割合が高いことが確認された．この調査は，現職の医療ソーシャルワーカーの協力により，「在宅への退院事例」と「在宅療養の継続を援助できた事例」を集めたもので，特に援助が困難な事例に焦点を当てて行ったものではない．にもかかわらず，多くが重症で世帯人員の少ない患者であったという事実は，以前には生活の場として病院や施設以外に選択肢を持たなかった人たちが，在宅で生活することが多くなっている現状があり，それを可能にし，継続するために医療ソーシャルワーカーの援助が大きく貢献していることを示している．

またADLレベルの低い患者が多かったが，その多くは理解力，コミュニケーション能力が高く，自分の意思をはっきりと示すことのできる人たちであったことも，101事例の在宅医療が可能となった要因と考えられる．医療ソーシャルワーカーは，患者・家族の在宅への強い思いを受けとめることで力を得，それを支えに援助を進めていたことが，多くの事例に記されていた．患者・家族の意思の力は，医療ソーシャルワーカーを動かし，さらに医療チームや行政，関係団体等をも動かす原動力となっていた．

さらに見落とせないのは，介護保険の対象とならない患者の存在である．児童や特定疾病以外の病気や障害を抱える壮年期の患者への援助事例が，こ

こには数多く含まれていた．こうした人たちへのケアマネジメントは，その担い手が制度上担保されておらず，入院先の病院に医療ソーシャルワーカーがいない場合には，在宅療養を実現するため多くの負担を患者と家族が負うことになる．病院内に医療ソーシャルワーカーの存在があることで，様々な患者の在宅療養が支えられていることが明らかとなった．

　手厚い医療的ケアを必要とする患者に対し，十分なケアマネジメントを行うためには，保健・医療と福祉にまたがる幅広く深い知識と十分な援助技術が求められる．入院中から退院後の生活まで，医療ソーシャルワーカーによる一貫した援助が行われることで，患者と家族が安心感をもって，在宅での生活を送ることが可能となっていた（永野なおみ）．

3　事例提供者の全体像

　今回の事例調査に回答した医療ソーシャルワーカー自身の状況について，性別，年齢，経験年数，取得資格，所属機関における医療ソーシャルワーカーの数，所属機関の機能種別構成，地域連携室および医療ソーシャルワーカーの所属について集計結果をまとめておきたい（なお，事例提供者101人に，事例なしでアンケート調査のみに回答した2人を加え，回答者合計は103人としている）．

① 　性別　　男性　38人　　女性　61人　　無回答　4人
② 　年齢（図Ⅱ-5）

　年齢分布は20代が全体の約45％，30代が約27％を占めており，40代以上は4分の1にすぎないことがわかる．この結果は，これまで行われてきた医療ソーシャルワーカーの実態調査[2]に重なるものと思われる．

③ 　経験年数（図Ⅱ-6）

　年齢と同様に医療ソーシャルワーカー経験年数も，3年未満が約17％，3年～5年未満が約28％と経験年数の短い医療ソーシャルワーカーが多い．ただし，経験年数が5年～10年の人は約21％，10年～19年の人も約20

図Ⅱ-5　年齢別

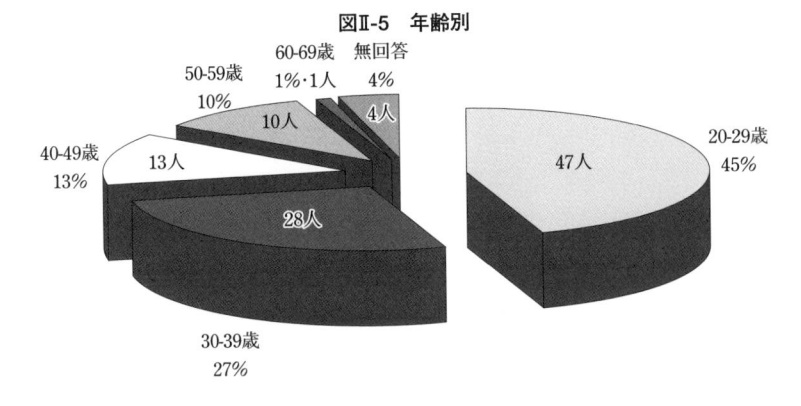

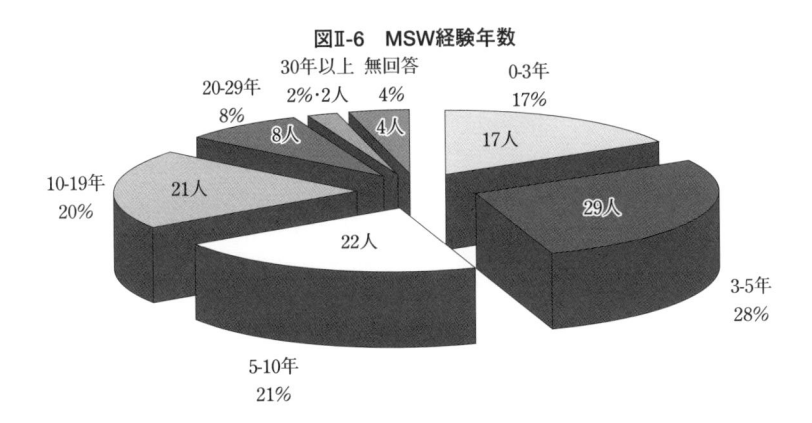

- 20-29歳　47人　45%
- 30-39歳　28人　27%
- 40-49歳　13人　13%
- 50-59歳　10人　10%
- 60-69歳　1人　1%
- 無回答　4人　4%

図Ⅱ-6　MSW経験年数

- 0-3年　17人　17%
- 3-5年　29人　28%
- 5-10年　22人　21%
- 10-19年　21人　20%
- 20-29年　8人　8%
- 30年以上　2人　2%
- 無回答　4人　4%

％を占めており，経験年数20年以上の人を含めると5年以上の経験をもつ人は全体の半数を超えている．今回の調査データは，医療ソーシャルワーカー経験の比較的長い人からのケース検討事例が数多く寄せられていることがわかる．

④　取得資格（図Ⅱ-7）

　取得資格については複数回答で尋ねたが，社会福祉士が76人を占めていた．精神保健福祉士は28人，介護支援専門員は36人である．その他としてあげられている10人の資格は，保育士3人，歩行訓練士1人，社会福祉

主事3人，ヘルパー2級1人，住環境コーディネーター1人，臨床心理士1人であった．

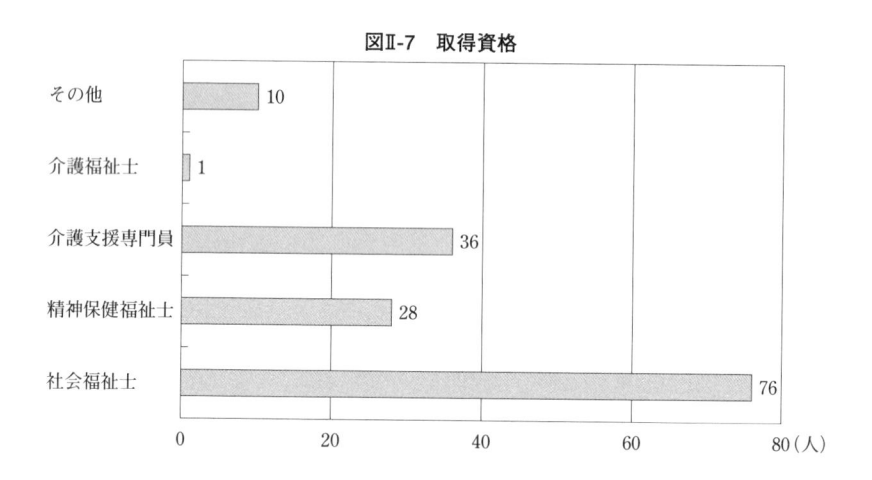

図Ⅱ-7　取得資格

- その他　10
- 介護福祉士　1
- 介護支援専門員　36
- 精神保健福祉士　28
- 社会福祉士　76

⑤　所属機関における医療ソーシャルワーカーの数（図Ⅱ-8）

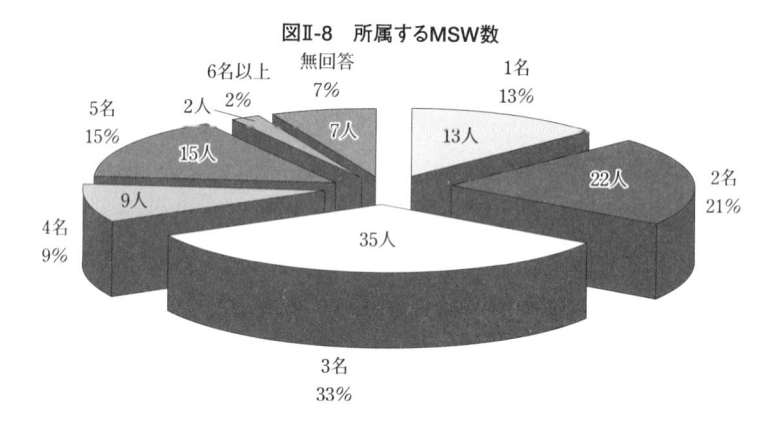

図Ⅱ-8　所属するMSW数

- 1名　13人　13%
- 2名　22人　21%
- 3名　35人　33%
- 4名　9人　9%
- 5名　15人　15%
- 6名以上　2人　2%
- 無回答　7人　7%

今回の調査では，医療ソーシャルワーカーが3人以上確保されている職場が約6割を占めている．また，回答者の所属する病院の医療ソーシャルワーカー285人のうち，フルタイムの者が281人であり，パートタイムの

医療ソーシャルワーカーは4人にすぎなかった．今回のような詳細にわたる調査に関わるには，やはり常勤で勤務する医療ソーシャルワーカーでなければ難しいと思われる．

⑥ 所属機関の機能種別構成　　一般病院　　　　　83人
　　　　　　　　　　　　　　診療所　　　　　　1人
　　　　　　　　　　　　　　老人保健施設　　　3人
　　　　　　　　　　　　　　介護療養型医療機関　6人
　　　　　　　　　　　　　　その他　　　　　　7人
　　　　　　　　　　　　　　無回答　　　　　　3人

⑦ 地域連携室の有無および医療ソーシャルワーカーの所属（図Ⅱ-9）

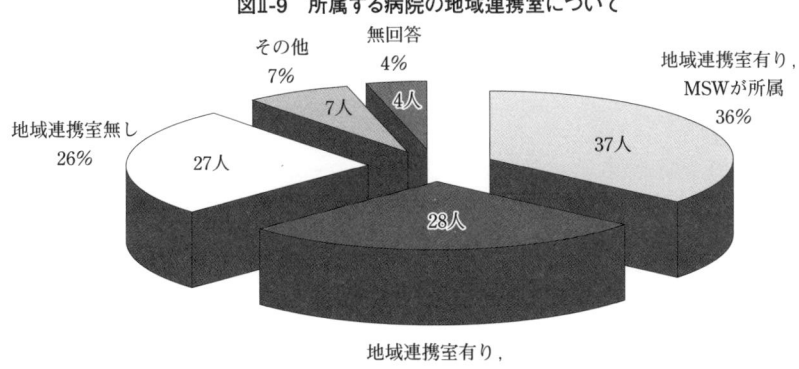

図Ⅱ-9　所属する病院の地域連携室について

- 地域連携室有り，MSWが所属　37人　36%
- 地域連携室有り，MSWの所属無し　28人　27%
- 地域連携室無し　27人　26%
- その他　7人　7%
- 無回答　4人　4%

　地域連携室が有り，そこに医療ソーシャルワーカーが所属しているところが36%，地域連携室が有るが医療ソーシャルワーカーは所属していないところが27%，地域連携室がないところが26%であった．

　地域連携室がない場合にも，実質的には医療ソーシャルワーカー，または医療ソーシャルワーク部門が地域連携業務を担っているという回答がみられた．

2005年12月に発表された厚生労働省方針では，2012年3月末までに介護療養型医療施設を全廃すると共に，医療保険適用型の療養病床も6割に削減することになっている．このことから，今後は在宅療養の患者数が急速に増加していくことが予測される．在宅療養者へのケアを中核にした在宅医療システムが地域に展開されていく際には，病院と在宅をつなぐサービス連携および情報連携等のシステムを構築していくことが重要な柱となる．そうしたシステム形成の中枢的機能を担うべきものとして地域連携室が位置づけられることを，病院関係者らが再認識する必要があると思われる．また，医療ソーシャルワークと地域連携室業務の明確化を図り，両者の連携のあり方を整理する必要があるだろう．さらに，これまで相対的に病院内にとどまっていた医療ソーシャルワーカーの活動も，在宅療養を視野に入れて地域に拡大された範囲を想定し，新しい取り組み方法を開発していかねばならないであろう（石田路子）．

　　注
2) 石田路子（2005）「医療ソーシャルワーカーの意識調査から」京極高宣・村上須賀子編『医療ソーシャルワーカー新時代』p.187, 勁草書房を参照．

第2章　在宅支援物語

はじめに

　全国の医療ソーシャルワーカーたちが書き送ってくれた調査票の束を丹念に読み，分析し要約していく過程で，共同研究者たちは一様にその奮闘振りに感服した．それは医療ソーシャルワーカー経験があるものばかりであったため，記された言葉の背景を読み取り医療ソーシャルワーカーの姿を想像できたからであった．

　歳若く，経験年数も浅い医療ソーシャルワーカーたちの中に，このような，心を打つ実践が展開されていることは，感動を伴う驚きでもあり，また，医療ソーシャルワーク実践現場の厳しさをも表わしていると言える．

　これらの実践の意味を世に問うためには，患者，家族の利用者に医療ソーシャルワーカーがいかに向き合い，どのような関わりを持っていったか，その実践のプロセスを文章化する必要があった．

　調査票に名前を記してくれていた人を追跡して，改めて執筆をお願いした．医療ソーシャルワーカーの働きが一般読者にも眼にみえるように解りやすく綴って欲しい，さらに，医療ソーシャルワーカーとしての醍醐味も加筆してほしいと依頼した．執筆のスタイルは特に問わなかった．

　執筆に際して改めて悩むことも多々であった．調査時の事例提供には応じられたものの，出版となると患者，家族の了解が取れない事例，希少難病のため匿名化が不可能なため断念した事例，一番厄介だった家族間の葛藤は書けなかった事例などである．事例は年齢，住所，名前など匿名化を図っているが，さらに，個々の執筆者を明記せず，一括して，執筆者一覧とした．

このような個人情報保護の観点から，事例集の発行はなかなか困難な時代となっている．しかし，リアルタイムの事例こそが，現実世界の矛盾を抉り出し，その問題点に苦しむ人々の姿とその苦しみの解消に挑む人々の勇気を表わすものだと考える．読み取って欲しいのは日本の在宅医療移行期の社会的，制度的問題点とそれに挑む医療ソーシャルワーカーたちの勇気に満ちた真摯な姿である（村上須賀子）．

事例 1　脊損の少女への自宅退院に向けたソーシャルワーク

【疾患名】脊髄損傷　小学生女児
【要約】長期入院に疲れた本人・家族の早期自宅退院の希望に沿い，関係機関との連絡調整を行いながら，在宅療養と在宅介護のための社会資源活用（身体障害者手帳，補装具，日常生活用具，移送サービス等）の援助を行い，退院に至った．また介護疲れのためと思われる家族の苦情に対して，家族と院内スタッフとのコミュニケーションを補うため頻回の情報交換を行った．退院後は外来受診時の見守りや関係機関との連絡調整を行っている．

突然の入院

2005年のクリスマスに家族とスキーを楽しんでいた小学校4年生の亜希ちゃん（仮名）は，激しく転倒して意識を失った．救急隊員に救出され病院に運ばれたが，脊髄を損傷していた．人工呼吸器により何とか一命を取り止めたものの，呼吸不全のために気管切開を余儀なくされ，四肢麻痺も残存し，長期の入院生活を強いられることになってしまった．

亜希ちゃんが入院してからというもの，お母さんは亜希ちゃんが不自由のないように，寂しくないようにと，終日を病室で過ごした．自宅ではお父さんが毎日仕事を早く切り上げて帰宅し，小学校2年生と幼稚園児の2人の弟たちと夕食を摂ってお母さんの帰りを待ち，一方お母さんは病院の消灯後に帰宅して洗濯や掃除，翌日の食事の下ごしらえなど家事一切をこなすという生活だった．

亜希ちゃんの入院後すぐに病棟から医療ソーシャルワーカーに紹介があり，経済的な側面や社会資源の活用について支援してほしいとのことだった．医療費は莫大な金額になることが予想されたので，負担の軽減のために育成医療の申請手続きを行うこととなり，医療ソーシャルワーカーは入院当初より両親とかかわる機会を得た．医療ソーシャルワーカーは経済的な支援はもちろんのこと，亜希ちゃんの今後の方向性を考えながら支援を行う必要を感じ，家族の状況や住宅環境などの情報収集，今後についての家族の意向の確認作

業も同時に行った．

　現在，亜希ちゃん一家はお父さんの会社の社宅で生活している．しかし，今後の暮らしを考えたとき，障害のある亜希ちゃんと共に一家が過ごすにはあまりに不便で手狭である．そこでお父さんは，1年後を目途にバリアフリーの自宅を新築し，引越しすることを決意した．それまでの間は，入院を継続するしかないのだとスタッフの誰もが考えていた．

募るストレス

　2006年4月，亜希ちゃんは学校を休み続けたまま5年生に進級した．今後の社会資源の活用のために，医療ソーシャルワーカーは身体障害者手帳の申請手続きを担当医師に提案した．「身体障害」という言葉の響きに抵抗を感じている両親に，申請の必要性について説明し，理解を得て手続きの援助を行った．翌5月には呼吸機能障害と四肢麻痺により1種1級の認定を受けることができた．

　亜希ちゃんはベッド上で過ごすことがほとんどであったが，移動のときには病棟備え付けの大人用のリクライニングタイプの車椅子を使用していた．その車椅子は姿勢を保持する機能もクッション性もなく，亜希ちゃんにとっては乗り心地のよいものではなかった．6月に入って，医療ソーシャルワーカーはスタッフと協議のうえ，身体に合った車椅子の交付申請を行うこととした．理学療法士，両親と業者を選定し，その後もスタッフと業者・両親との仲介役となって，型式などを決定した．市役所への補装具申請手続きはお父さん自らが行った．しかし，リクライニング機能に加えて人工呼吸器が搭載可能で，身体の拘縮防止機能や座席・背もたれに成長に合わせた拡張機能を有する外国製の車椅子はあまりに高額であったため，市の福祉事務所が申請を却下することが予想された．医療ソーシャルワーカーは亜希ちゃんの状態と選定した車椅子の必要性を市の担当者に繰り返し説明し，粘り強く交渉を続けた．ひと月がかりで何とか交付決定にこぎつけ，早速業者に製作を依頼したが，完成まではさらに数か月を要する見込みであった．

一方，もともと人見知りの激しかった亜希ちゃんは，病棟スタッフとなかなか打ち解けなかった．また，常時人工呼吸器を装着しなければならない状態であったため，院内の移動には必ず看護師が付き添うこととされ，病棟外の売店やデイルームへ行くことは一切認められなかった．刺激の少ない息の詰まるような入院生活に，亜希ちゃんや家族のストレスは膨らむ一方であった．

　入院生活に多くの制限を受け，病室という限られた空間から出られないという抑圧された思いを胸に，亜希ちゃんのお母さんは医療ソーシャルワーカーのもとを度々訪れた．24時間お世話になっている病棟の看護師や医師に感謝を感じつつも，ケアのひとつひとつや声掛けなどに対する不満も抱いていた．心身ともに疲れはて鬱積した気持ちを抱え，誰にも弱音を吐くことなく，亜希ちゃんの前では笑顔を崩さないお母さん．ゆっくり面倒をみることのできない下の子どもたちへの不憫な思いも募っていた．そんなお母さんの思いを医療ソーシャルワーカーは真摯に受け止め，努力をねぎらい，励まし続けた．お母さんにとって医療ソーシャルワーカーは，利害関係のない，唯一本音を洩らすことのできる存在であった．

外泊そして退院へ

　入院生活も半年あまりを経過した頃，お母さんから「夏休みに退院させたいので力を貸してほしい」という申し出があった．医療ソーシャルワーカーは非常に戸惑った．今の社宅で亜希ちゃんが生活することが果たして可能なのか．お母さんが24時間365日の介護に耐えられるのか．必要な物品や人的資源があるのだろうか等々多くの危惧があった．

　しかしお母さんの気持ちを受け止めた医療ソーシャルワーカーは，亜希ちゃん一家の希望を叶えるべく，病棟スタッフとのカンファレンスを行い，自宅退院の可能性を検討した．誰もが退院できるのかと半信半疑からのスタートであった．退院に向けて必要な資源の確認と家族への指導計画を立て，ともかく調整を始めることでスタッフの同意を得た．スタッフ間での打ち合わ

せ，家族との話し合いを重ねるうちに，病棟内の空気も前向きに変化し始め，自宅退院に希望が見えてきた．

　市役所障害福祉担当者と補装具や日常生活用具，住環境の整備，生活援助サービスの活用について交渉を重ね，各業者との物品打合せについては医療ソーシャルワーカーが連絡調整を行った．その他にも入浴の方法，救急の際の対応，受診，リハビリの継続，通学のことなど，退院までに準備調整しなければならないことは山積していた．

　病院と自宅間の移送に関してはケア移送サービス利用の手配を行った．また生活に欠かせない車椅子の納品が間に合わず，成人用のレンタル車椅子でしのぐことにしたが，座席の横に呼吸器が搭載できるものが調達できた．その他，小児用訓練ベッド，吸痰器が必要であった．また意志表示のためのパソコンを日常生活用具として申請したいとの希望があり，これらは退院が決定しないと申請受理されないため，予め医療ソーシャルワーカーより市役所との調整を済ませておき，退院日が決定次第申請手続きを行うようお父さんに念を押しておいた．

　そして7月初め様々な準備を経て，ようやく試験外泊にこぎつけることができた．おそらく2泊3日の外泊は本人にとっても家族にとっても大変なことだらけで疲れ果てて帰ってくるだろうと予測した．しかし，病院に戻ってきた亜希ちゃんとお母さんは，満足感に溢れた明るい表情であった．近所の方々の協力も得られ，住宅前の段差も支障なく，狭い社宅内での車椅子移動も何とか可能，入浴は児童用のビニールプールで行い，呼吸器のトラブルもなく，お母さんは「家族水入らずの夢のような時間を過ごせました．」と笑顔で話していた．

　自宅での生活に向けて自信を得た一家は，一刻も早い退院を希望した．医療ソーシャルワーカーはそれに応えるべく支援を急いだ．まず退院後すぐに使用する日常生活用具の給付決定の確認のために市役所の担当課と連絡調整し，物品搬入について福祉用具業者との日程調整を行った．また訪問看護師，訪問診療医師との訪問開始の期日を確認し日常の連絡体制を整え，市の保健

師にも情報を提供し，支援を依頼した．

　そして 2006 年 7 月下旬の晴天に恵まれた日，人工呼吸器をつけたままではあるが，亜希ちゃんはこぼれそうな笑顔で移送サービス車にて自宅に退院した．

　9 月に入ってから，亜希ちゃんのお母さんから医療ソーシャルワーカーに電話があった．ようやく車椅子が届いたので本人を乗せて，実に 9 か月ぶりに登校してみたとのこと．数時間ではあったが，クラスメートとともに楽しい時間を過ごすことができて，「感無量でした．」と語った．その後も，医療ソーシャルワーカーは電話にて定期的に様子を尋ね，お母さんへの心理的な支援を継続し，訪問スタッフとの連絡調整を行っている．

事例 2　気管切開後のケアを要する患者の退院支援

【疾患名】ムコ多糖症，気管狭窄症　10 代男子
【要約】ムコ多糖症で乳児期より通院していたが気管狭窄症，慢性呼吸不全状態となり，気管切開手術のため入院．気管切開後の管理や在宅酸素療法が必要になったことから医療ソーシャルワーカーに退院支援の依頼あり，母親と相談．地域の社会資源情報を収集し，入浴介助を含めた訪問看護・介護体制を構築．支援費の利用，ベッド・吸引器等日常生活用具の給付申請を援助．吸引器は役場担当者が取扱い未経験だったが医療ソーシャルワーカーの介入で給付に至る．

邦彦君（仮名）との出会い

　10 代の邦彦君は，郊外の T 町に両親と中学生の妹，3 歳になる弟，そして祖母と住んでいる．2 歳の時，近くの医院で高度の肥満と肝臓・脾臓の腫れを指摘され，当院を受診．入院精査の結果，ムコ多糖症[1]との診断を受け，通院が始まった．それから症状は徐々に進行し，発達の遅れも見られるようになり，7，8 歳の頃には言葉数も少なくなっていた．今回の入院前には日常生活は全介助の状態で，身体障害者手帳 1 級，療育手帳 A もすでに取得していた．養護学校中等部に通学，当院とリハビリ施設に通院しながら，母

親を中心とした家族介護により在宅生活を送っていた．

2004年6月，リハビリ施設での訓練中に突然顔色が悪くなり，当院に緊急入院となった．ムコ多糖症の悪化による気管狭窄症で慢性呼吸不全状態となったのである．人工呼吸器管理で治療を行ったが改善されず，気管切開の手術を受けることになった．その後，人工呼吸器が外れ，経管栄養から経口摂取に切り替えることはできたものの，在宅酸素療法や吸引が必要な状態となった．退院後の在宅での医療ケアの必要性を感じた看護師から医療ソーシャルワーカーに支援の依頼が入ったのは，状態が安定し始めた8月末のことだった．

関係づくり

支援開始当初は，キーパーソンである母親から，これまでの生活の様子や家族の役割を聞かせてもらうこと，そして邦彦君と家族の在宅療養への思いを聴くことに努めた．そうした会話の中で，相談しやすい関係をつくることが大切だと考えたからである．

母親は，これまで障害をもつ子どもの親の会に参加し，地元への施設設置を役場に掛け合うほどに，前向きで，たくましいお母さんという印象である．それは，邦彦君と共に歩む中で，母親自身も成長されて今があるのだろうと，医療ソーシャルワーカーも励まされるほどであった．

主治医から退院の話が出た時，「準備さえできれば，早く自宅に連れて帰りたい」と言われた母親には在宅復帰以外の選択肢はなかった．「病院にいる時は（邦彦君の）顔が緊張しているんよ．やっぱり家の方が安心できるんだね」と話されていたこともあった．しかし，少しして病室を訪ねた時，「家で変わりなく過ごすことができるかな．入院していたら何か起きてもすぐに対処してもらえるけれど，自宅では手遅れになるかもしれない」と涙を浮かべられていた．症状の進行を受け止めざるを得ない状況の中で，母親は在宅療養への不安を感じ，それを何とか振り払おうと葛藤しておられるように見えた．

その不安を少しでも軽減するために，入院前と退院後の在宅生活の変化を想定し，母親の介護負担も考慮しつつ，在宅での医療ケアの確保，緊急時の対応，環境整備と母親へのケア指導などの準備を進めていくことを，母親，病棟スタッフと一緒に確認した．

情報収集と社会資源の活用

　邦彦君の在宅療養にとって大きな課題は，往診をしてくれるかかりつけ医と訪問看護ステーションを探すことだった．これまではかかりつけ医をもたず，緊急時に自宅と当院の中間地点にある救急指定病院を利用するくらいだった．T町には小児科も少ない．また，医療依存度の高い小児の看護経験をもつ訪問看護ステーションもなかった．母親が一番心配していたのも，この地元の医療事情であった．

　かかりつけ医の情報は，T町の保健師や近隣の病院の医療ソーシャルワーカーに求めた．また，訪問看護ステーションについては，県看護協会より有用な情報提供をしてもらうことができた．そのような情報を基に話し合い，家族が受診したことのある内科・小児科を標榜するA医院なら母親も頼みやすいということになり，まずは家族が診療情報提供書を持参して，往診の相談をすることになった．A医院の医師から早速に承諾の返事があり，その医院の看護師からも「医療依存度の高い小児の経験はないが，若年者での経験があるのでお受けします」と快い返事をもらうことができた．

　また，今後の気管切開チューブの入れ替えは，当院より耳鼻科医師を派遣している地元のB病院にて行うことになった．

　さらに，日常の身体的チェックと，介護負担の大きい入浴については，訪問看護ステーションに依頼できないかと考えた．当初，支援費制度（当時）のデイサービスの利用についても検討したが，通所の距離と入浴の可能な施設との条件が折り合わなかった．そこで，県看護協会から情報をもらっていた地元の訪問看護ステーションへ連絡をしたところ「気管切開患者の経験はないが，かかりつけ医とも協力しながら対応させてもらいたい」と訪問を了

解してくれた．

　環境整備としては，新たにベッド，吸引器とパルスオキシメーター（経皮的動脈血酸素飽和度測定器）[2]の準備が必要となった．ベッドと吸引器については，身体障害者手帳の日常生活用具で申請を行うことにした．本県では，呼吸器機能障害による身体障害者手帳をもたない場合でも，一定条件を満たせば吸引器の申請が可能であるが，家族がT町の役場へ書類をもらいに行ったところ，実績がないと断られたため，医療ソーシャルワーカーが申請を仲介し，役場と交渉することで給付を受けることができた．

地域関係機関との連絡調整

　9月下旬，在宅療養の要となるA医院の看護師に来院を依頼し，邦彦君，母親との面会，病棟スタッフとの情報交換を行い，緊急時の対応，連絡先についてなど確認した．その際，在宅酸素療法指導管理料は当院で算定することにし，病棟看護師に必要な物品をリストアップしてもらい，外来看護師と調整をしてもらうよう医療ソーシャルワーカーから依頼した．また，その情報交換の中で，病院と在宅でのケアの違いも話題となった．特に感染対策については病院ほど厳重にする必要はなく，当院の感染管理認定看護師にも相談しながら在宅での対応について検討することができ，病棟看護師には学びの機会ともなった．在宅での経験豊かなA医院の看護師に，母親も安心された様子だった．

　また，当面入浴については，訪問看護ステーションの訪問時にA医院の看護師が立ち会い，サポートしてもらうことになった．数日後，訪問看護ステーションの担当者も来院し，入浴の様子を見学してもらい情報交換を行った．

　また，地区担当の保健師は日程が合わず来院してもらうことはできなかったが，母親との面識はあるとのことで，改めて医療ソーシャルワーカーより経過を報告し，退院後の支援を依頼した．

新たな始まり

　10月下旬の退院前日に病室を訪ねた．「お陰で思ったよりも早く退院ができて助かりました」といつものように笑顔で話をしてくれた母親であったが，「いつまた気管が狭くなり入院するかもしれないけれど，できるだけ家で生活したい．今までも親の会などで闘ってきたから……，これからも闘わないといけないね」と一瞬表情が引き締まった．退院は邦彦君と家族が"日常"に戻る喜びの日であると共に，新たな闘いの始まりであることを母親の決意に感じた．

　主治医より退院の話が出てから，母親は退院後に起こるかもしれないであろう様々な状況を引き受ける覚悟を徐々に固められているようであった．その母親の思いに寄り添うことが，医療ソーシャルワーカーの大きな役割であったと考える．そして，これから始まる在宅療養の緊張と不安，心身の疲れといった目には見えない相手との闘いの中で，いかに患者・家族に安心材料を提供できるか，伴走者として邦彦君や母親と共にスタートラインに立つ思いである．

注
1) ムコ多糖症とは先天性に骨，肝，脾，皮膚などの結合組織に各種ムコ多糖が蓄積することにより，ガーゴイ様顔貌，骨変形，関節拘縮，肝脾腫，角膜混濁，知能障害などの臨床症状をきたす（『医学大事典』南山堂，1996年）．
2) 動脈血中の酸素飽和度を無侵襲的に測定する機器．

> **事例 3** 交通事故で重度の後遺障害を負った 30 代男性の在宅療養支援
>
> 【疾患名】交通外傷による頭蓋底骨折,右側頭骨骨折,外傷性脳出血,急性硬膜下血腫,水頭症シャント術後,気管切開・気管カニューレ挿入後,胃ろう,人工頭骨・頭蓋形成術後　30 代　男性
> 【要約】事故による重度の障害をもつ息子について,両親は長期療養できる医療機関を希望しつつ転院をくり返してきたが,どこも長期の入院は無理であった.現実をうけとめ在宅生活を決心した両親に対し,医療ソーシャルワーカーは,実際に在宅生活をしている患者家族を紹介し,在宅生活のイメージをつかんでもらうと共に,まず住宅改修から,在宅生活の準備を進めた.改修着工のめどがたった後は,支援費申請,緊急時の連絡体制など,在宅サービスの調整を行った.

　2004 年 6 月,太郎さん(仮名)は,人工頭骨・頭蓋形成手術を行うまでの間の全身管理継続を目的に,A 病院脳神経外科から転院された.交通事故による頭蓋底骨折,右側頭骨骨折,外傷性脳出血,急性硬膜下血腫に対する救命救急処置で一命は取り留めた.当院へは水頭症シャント術後,気管切開後の気管カニューレ管理と胃瘻・経管栄養管理の継続を要し,意思疎通はできず寝たきりで全介助という状態での転院であった.

　太郎さん家族との出会いは,母が身体障害者手帳申請の相談に医療福祉相談室を訪れた時に始まる.手帳申請の他に,予定されている人工頭骨・頭蓋形成手術の後の療養先,リハビリ,将来の介護についても不安を訴え,情報を求めていた.A 病院での人工頭骨・頭蓋形成術は 3 か月後に予定されており,従ってこの期間は在宅に向けての具体的な支援には踏み込まず,もっぱら我が子の回復を期待し療養が続けられる転院先や入所施設が近隣で確保できるだろうか,さらに将来の介護はどうなるのかなど,母親が抱える不安をじっくりと聴くことに費やした.A 病院で予定される手術後の療養先の候補として,自動車事故対策機構療護センター[1]の情報を提供し,術後の経過を見ながら A 病院医療ソーシャルワーカーの支援を求めるよう勧めた.転院時には両親の了解を得て A 病院医療ソーシャルワーカーに継続援助の

依頼を行った．

両親の不安と迷いに寄り添う

　太郎さんは 2004 年 9 月に A 病院へ移って人工頭骨・頭蓋形成手術を受けた．術後まもなく B 病院へ転院，次の C 病院を経て，2005 年の 2 月に当院へ再び転院してきた．5 か月ぶりに相談室を訪れた太郎さんの母は，次のように話した．

　「4 つの病院を転々とし，医師や看護師，医療ソーシャルワーカー，それに同じような患者を抱えた家族からいろいろ聞いたり自分たち夫婦でも調べたりして，今のような状態の息子を長期に入院療養させてくれる医療機関は，自分たちの住む町と近隣市町にはないということがよく分かりました．自動車事故対策機構療護センターには C 病院に居る間に転院の申請をしました．センターの医師が C 病院に来て診察してくれました．転院できるかどうかは来月下旬頃に分かります．ここの先生は"3～4 か月待ってその療護センターへ確実に転院できるなら，このまま待ちましょう．でも，転院できないなら自宅へ帰る準備を始めましょう．"といわれました．転院できずに，自宅へ帰る準備をすることになったらどうしようかと……．自宅で介護していけるものなのか，とても不安です．」

　これ以降医療ソーシャルワーカーは，父と母それぞれの我が子に対する想いに耳を傾け，彼らの現実のとらえ方，物事の受け取り方，意味づけの仕方を理解し共有しようと努めた．両親の不安な気持ちを受け止めた上で，「不安」の内容を言語化できるよう意識して面接し，選択肢の整理と実現可能性の検討を共に行っていった．

　3 月，自動車事故対策機構療護センターから入所「可」との知らせ．ただし「待機順位から年度内の入所は厳しいと予想」というコメント付きであった．両親は，主治医が言う「自宅へ帰る準備を」始めることになるのかと感じ，気が重かったという．両親は在宅介護に移行するにしても「自宅に近い D 病院に転院し，半年から 1 年くらいかけて在宅移行の準備をしたい」と

希望してきた．実現すればD病院の訪問看護ステーション利用がかなうし，必要な時の脳神経外科入院も頼れると期待できたので，父親がD病院へ相談に出向いた．

「D病院には転院させてもらえませんでした．先生と看護師に自宅へ帰る準備を勧められました．もうそれしか方法はないのでしょうか……．」そう話しに来た母親ではあったが，こうした事態も想定の範囲内として受け止めているようにも医療ソーシャルワーカーには感じられた．そのことを素直に伝えたところ，母親はゆっくりうなずき，「これが現実なんですよね．今晩，家族で話し合ってみます．」という．表情や話しぶりは自然体であった．数日後「在宅療養の準備を始めます．」と母親が医療ソーシャルワーカーに伝えてきた．その決断に敬意を払いチーム全員でサポートすることを伝えると，「私たち頑張ります．よろしくお願いします．」という言葉が返ってきた．

あらゆる関係を活用する医療ソーシャルワーカーの援助

看護チームは，両親向けに痰の吸引と胃ろうからの経管栄養の手技，関連した器具の取扱と衛生管理などの指導計画を準備し，実行した．理学療法士の指導も行われる．

そんな中，母親が「住宅改修をしたいが具体的なイメージがつかめなくて……．」と相談室に．「住宅の改修は，今の家を建てた工務店に依頼します．ただ，その工務店は息子のような障害者のための住宅改修の経験がなく，私たちも具体的な改修箇所を指示できないのです．何かいい方法はありませんか？」という相談である．

医療ソーシャルワーカーは，住宅の構造や間取りについて尋ねながら，住宅改修とそこで介護する生活を具体的にイメージできる方法はないものかと考えを巡らせた．そこで思い当たったのが，難病患者の在宅支援に実績のある先輩医療ソーシャルワーカーである．研修会で提示された筋萎縮性側索硬化症の患者さんの在宅療養を支援している（現在進行形）事例である．その事例の中で何より印象深かったのは，患者さん自身が意思伝達装置を使って

「私を教材にせよ」と支援チームに伝えているということである．実際の改修例を見せてもらい，介護している方にもお話が聞ければと考え，そのことを母親に伝えると，是非お願いしたいとのこと．

早速先輩医療ソーシャルワーカーに電話し，依頼の趣旨と太郎さんの状況を伝えたところ，状況が似ている上に協力してもらえそうな別の家庭に心当たりがあるというので，仲介をお願いした．

数日後，頸椎損傷と脳梗塞後遺症で寝たきりのYさんと妻が，自宅を見学させてくれお話もしてくれるとの知らせが届いた．加えて，Yさん宅の改修に関わった住環境コーディネーターと理学療法士も共に協力してくれるという．調整が済み，先輩医療ソーシャルワーカーの案内でYさん宅を訪問した．縁側に取り付けたウッドデッキとスロープ，入浴用兼床走行式介護リフト，改修した浴室，介護用品を見せてもらいながら機器の実物にも触れて，移乗や入浴のこと，介護の様子について詳しく話を聞くことができた．

見学したYさん宅の1階の間取りは，太郎さん宅とほとんど同じであり，太郎さんのベッドを置く予定の南向きの客間と縁側はそっくりだという．この偶然に太郎さんの母は「来てよかった，大変参考になった」と喜んだ．この後，Yさん宅の改修を担当した住環境コーディネーターと理学療法士がスタッフに加わって，改修に向けた作業が一気に進んだ．

住宅改修の完成に合わせた最終調整

しかし改修の設計は固まったものの，6月になっても着工ができないという事態が生じた．保険会社による住宅改修の補償額算定審査に時間がかかったためである．両親は，主治医・看護チームと打ち合わせた「3〜4か月」を過ぎてしまうことを気に掛けていた．B病院やC病院でのきっちりと期限を切られて転院した経験がそう思わせたのである．

今回の入院では，方針を決め，その共通の目標に向けて家族も含めたチーム全体が協力して在宅に向け準備している．主治医，看護チームには，改修が遅れている事情について理解が得られるよう医療ソーシャルワーカーが補

足説明し，今後の進捗状況を適時報告することとした．医療チームの理解が得られ，当初の退院予定が遅れることは容認して，在宅へ移行する支援を続けようとの合意ができたことで，両親の心理的負担も軽減された．

改修着工から完成までの目処がたつと，医療ソーシャルワーカーは支援費制度を利用するための諸手続き，在宅医療を担当する開業医と訪問看護事業所の選定，支援費居宅支援事業者による利用サービスのプランニング等々を両親と共に進めた．担当の開業医と訪問看護ステーションとの打ち合わせを調整し，前後してヘルパーとデイサービス利用のために市の障害福祉課支援相談係と家族間の連絡調整を行い，支援相談係と両親とのケアプラン（支援費支給予定表）の検討に同席した．

そして退院日が決まり，開業医・A病院脳神経外科・訪問看護ステーションの役割分担と連携のとり方をすべての関係者で確認した後，2005年8月下旬に自宅へ退院していかれた．残暑の中にも秋の気配が感じられるようになった頃，訪問看護師からの「順調に経過していて太郎さんもお母さんもいい表情ですよ」との近況報告を記録に加えて終結となった．

注

1) 自動車事故対策機構：独立行政法人自動車事故対策機構法（2002年）により設置されている機関．主要3業務のひとつが自動車事故被害者の支援である．前身の自動車事故対策センターの時代，重度後遺障害者の治療及び養護を行う施設の設置・運営が法改正で追加され，現在は千葉，東北，岡山，中部の4つの療護センターが存在する．

療護センターは，社会復帰の可能性を追求しながら適切な治療と看護を行う重度後遺障害者（遷延性意識障害者）専門の病院である．

> **事例 4** 在宅人工呼吸療法を導入する患者・家族への退院援助
>
> 【疾患名】慢性肺気腫，慢性閉塞性肺疾患　70代　男性
> 【要約】ADL全介助，経管栄養，気管切開となった高齢患者とその家族が自宅退院を希望したため，医師から医療ソーシャルワーカーへ退院援助の依頼．保険料滞納により利用できずにいた介護保険などの問題を1つずつ解決していく方針を本人・家族らと確認し，院内外の関係者・機関と連絡調整．在宅で必要となるサービス，ケアプラン，レスパイト入院の見通しを立て，訪問診療部門と連携し，吸引器等の手配も進め，療養環境を整えて退院へ．

山田さん（仮名）は，1990年から在宅酸素療法導入，身体障害者手帳1級（呼吸器機能障害），重度身体障害者医療費助成制度利用．入院前ADL[1]はほぼ自立していたが，今回の入院でADL全介助，経管栄養[2]，気管切開[3]，人工呼吸器[4]（以下，レスピ）管理となり離脱困難と診断される．

相談経過

2005年1月に主治医より「家族と今後の療養先について話し合ったところ，自宅へレスピを持ち帰り在宅療養するとのことであった．退院へ向けて関係者と調整を始めてほしい」と退院援助の依頼があり，医療ソーシャルワーカーが関わることとなった．

まずは，病室を訪問し，医療ソーシャルワーカーの自己紹介を行い，退院へ向け援助していくことを伝えた．本人からは「家に帰りたい．病院の天井ばかり見て過ごすのは嫌だ」と自宅退院の希望があり，その後，家族と初回面接を行った．面接の中で家族からは「レスピを受け入れしてもらえる所がないので，家で介護することも考えてくださいと言われた」「これ以上病院に置いてもらえないなら，家に帰る」との言葉も聞かれ，仕方なく在宅療養を選択したと思われた．また，介護保険料の滞納があり介護認定申請が出来なかったことも判明した．

医療ソーシャルワーカーは在宅療養への不安，介護保険料滞納など，まず

は問題を1つずつ解決していくことにし，家族へはその都度連絡を頂きたいと伝え初回面接を終えた．初回面接を終え，医療ソーシャルワーカーの援助目標として，以下の3つをあげた．

① 本人の自己決定を尊重し，不安の軽減と家族の在宅療養への動機づけ，家族の意向の統一を行う．
② 入院中のケアを継続して行えるように，在宅療養環境整備・介護体制作りをする（制度・社会資源などサービスの活用）．
③ 経済的負担の軽減を行う．

介護保険料滞納については，家族が役所で納付相談し申請できるようになり，問題は解決できた．しかし，退院先について家族内で意見が分かれており，家族の意向を確認するため，カンファレンスを行うこととなった．

家族の意向確認

4月，第1回カンファレンスが開かれ，病院関係者（主治医，病棟師長，医療ソーシャルワーカー），家族，地域の関係者に参加してもらいカンファレンスが行われた．入院中の経過，ケア内容の説明を行い，家族が体得しなければならない介護内容として，吸引，経管栄養，オムツ交換，体位交換があげられた．

介護内容を確認した上で，家族全員が在宅療養をすると意見が一致したため，自宅退院へ向け，話し合いを進めることとなった．最後にケアマネジャーからレスパイトケア[5]先を決めてから退院させてほしいという要望があった．

退院に向けて

医療ソーシャルワーカーは，訪問診療先の選定，レスパイトケア先探し，市役所へ日常生活用具（吸引器）の申請を行い，ケアマネジャーは，ケアプランを作成，看護師は家族への介護指導と，それぞれ役割を分担し調整を進めた．病棟では介護の方法や手段統一を図るため，経管栄養や吸引，機器の

使い方など介護者用のパンフレットを作成していた.

10か所ほどの医療機関へレスパイトケアの相談をしてみたが，どこも受け入れは難しいという返事だったことを，主治医と病棟師長へ報告し，当院で受け入れしてほしい旨相談した.

カンファレンスの後，担当看護師チームより「山田さんの自宅退院にあたり，家族へ介護指導は行っているが，在宅でどのようなサービスが利用できるのか全然分からない．在宅で利用できる社会資源について勉強したい.」と要望があったため，介護保険や身体障害者手帳など，主に本人が利用している社会資源について，病棟で勉強会を開いた.

主治医からは，退院後の流動食の購入方法などについて問い合わせがあった．確認したところ，薬局で購入可能だが，現在使用中のものは保険適用外のため全額自己負担になるとのことだった．保険適用であれば，重度身体障害者医療費助成制度を利用し本人負担がなくなることを主治医へ説明し，経済的負担を軽くするため保険適用の種類へ変更可能か相談した.

そして，5月に第2回カンファレンスが開かれた．病院関係者，家族，地域の関係機関の担当者が参加し，第2回カンファレンスが行われた．最初に入院中の経過説明，介護内容の確認，家族の介護手技確認を行った．レスパイトケアは当院で受け入れ，利用時の申請方法や急変時の対応など時間帯まで具体的に確認を行い，他にケアプラン，衛生材料の確認を行った．流動食は経済的負担も考え保険適用の種類へ変更となった．家族の了解を得た上で，急変時の対応方法や受け入れ病院を明確にするため，消防本部へも連絡し，主治医，自宅地図などを情報提供した.

家族から「本人の負担を軽くするため，試験外泊は行わない．近日中に退院したい」と希望があったため，試験外泊を行わない代わりに，夜間に家族に付添ってもらい，夜間の状況を把握してもらった．退院前には，訪問看護や訪問入浴のスタッフに来院を依頼し，看護師から直接ケアの方法やレスピのつなぎ方などを指導し，6月自宅退院となった.

退院日は病棟師長，医療ソーシャルワーカーが付き添い自宅まで送った.

本人の表情は明るく，嬉しそうにピースサインもして見せてくれ，家族も「やっと父が帰ってきて嬉しい」と話してくれた．退院16日目に病棟師長，担当看護師が自宅訪問したところ，入院中に比べ顔がふっくらしており，入院中の表情とはまったく違い，穏やかで病状は安定していた．「少し心配していたがあの表情を見て安心した．自宅退院できて良かった」と報告があった．

退院後2か月目にレスパイトケアで入院予定であったが，インフルエンザに罹患したため予定より2週間早い入院となった．家族からは「インフルエンザにかからなければ，こんなに早く入院することはなかったのに」「早く家に連れて帰りたい」「大変だけど本人が喜んでいるから嬉しい．何かあっても訪問診療や訪問看護があるから安心」という言葉が聞かれた．

9月に自宅へ退院したが，10月再入院し，11月腹膜炎のため死亡退院となった．

医療ソーシャルワーカーの役割と今後の課題

在宅療養へ向けて，患者の「家に帰りたい」という意志を尊重し，家族の不安を軽減するという退院への動機づけを行うことがもっとも重要なポイントであり，一番時間を要し，一番困難なところであった．在院日数が短縮される中，スムーズにその人にあった療養先を見つけることが困難な状況にある．その中で医療ソーシャルワーカーは，できるだけ患者・家族の意向を尊重し，安心して退院できるよう援助していかなければならない．そのためにも入院早期から治療やチームの方針を確認しチームの一員として関わっていく必要がある．今回の事例では家族，チーム，関係機関と何度も話し合いを重ねることで，患者や家族のみならず，病棟スタッフ，関係機関が安心して退院へ向け準備を進めることが出来た．

この事例を通し，医療ソーシャルワーカーのひとつの役割であるケースマネジメントの重要性をあらためて感じ，チームの一員として医師や看護師など他職種との連携の中核を担う役割の重要性を体験的に実感した．

今回は具体的に援助できなかったが，今後の課題として，長期に亘り在宅療養・在宅介護されている患者・家族の場合は，介護負担軽減だけでなく，QOL[6]の向上という部分の援助も必要と考える．

注
1) 日常生活動作．
2) 経口摂取が出来ない患者に，鼻や胃などからチューブを使い栄養補給を行うこと．
3) 十分な換気量を得るために気管に切開を加え，気道を外部に開放すること．
4) 器械的に人工換気を行う装置．
5) 介護者の休養のために患者が一定期間，病院または施設に入所すること．
6) Quality of Life；生活の質．

事例 5　医療依存度が高い患者の在宅療養とデイケア利用による退院支援

【疾患名】筋萎縮性側索硬化症（ALS）　80代　男性
【要約】ALSにて在宅療養していたが，呼吸不全により救急入院となり，人工呼吸器装着，気管切開，胃ろう造設を施行．患者は，自分のことを多くの人に知ってほしいと，在宅療養とデイケア利用を強く希望するが，従来のケアマネジャーが医療依存度の高い患者への支援が困難とするため，新たなケアマネジャーに変更し，在宅療養に向けてスタッフや家族との役割分担をおこない，デイケアを含む介護サービスの活用により退院に至った．

平田さん（仮名）は，次男夫婦と孫家族との同居であった．数年前にALSと診断を受け，自宅で通所リハビリテーション（以下，デイケア）や訪問看護などの介護保険サービスを利用して生活していた．2005年，呼吸困難をきたし当院へ緊急入院となり，気管切開，人工呼吸器装着，胃ろう造設となった．ICUに入院し，全身管理となっていたが，入院当初より自宅退院への強い希望があった．

入院から医療ソーシャルワーカーとの出会いまで

　平田さんが一般病棟へ転出したのは，入院から約1か月後のことだった．医療ソーシャルワーカーが平田さんと出会ったのは，更に1か月経ったころだった．一般病棟でリハビリを行っていた平田さんを担当する作業療法士より意思伝達装置の給付について相談を受けたのが，平田さんを知るきっかけとなった．

　平田さんは人工呼吸器を装着していたが，発話が可能だった．かすれた声で一生懸命話をしていたのが印象的で，「家に帰りたい．デイケアの仲間に会いたい．」と言った．意思伝達装置の申請にも積極的だった．平田さんの承諾を得て，家族に身体障害者手帳の等級変更について説明をした．この時，平田さんからは自宅退院の要望があったものの，具体的な退院やその時期についての話題はなかった．しかし，医療ソーシャルワーカーは平田さんの希望を受け止め，退院支援を依頼された場合に備えて，必要と想定されるさまざまな情報収集を行った．当院の医療チームが平田さんのように人工呼吸器を装着した患者の退院支援経験がなかったためである．第一に在宅用の人工呼吸器の調達，人工呼吸器以外にも必要な医療機器の調達，またそれらの電力供給，費用について情報がなかったため，情報収集は必須であった．第二に入院前のサービス提供事業所が継続利用可能であるか，確認もかねて情報収集を行う必要があると判断した．第三に家族関係と家族の介護力の問題があると感じたため，入院時に病棟看護師に情報提供書を送付してきた訪問看護スタッフと連絡をとり，情報収集を行った．家族について，介護の担い手として期待ができるのは次男の嫁のみであることが確認された．後に，次男の嫁と面接をした際に他の家族の協力は得られないこと，一人で看られる範囲で看ようと考えていることが確認できた．

退院支援開始

　平田さんに関わる医療チームが自宅を視野に入れた調整を開始したのは，それからさらに1か月後のことだった．理学療法士によって，呼吸リハビリテーションが行われていた．平田さんの「家に帰りたい，デイケアの仲間に会いたい」との退院希望を受けて，人工呼吸器が数時間でも離脱できないか検討するためカンファレンスが開催された．医療チーム内では自宅に帰ることを想定し，離脱訓練を行う方針が打ち出された．平田さん・家族共に離脱訓練に承諾し，家族や看護師が傍にいることの出来る時間内での離脱訓練を開始した．

　離脱訓練と同時期に医療ソーシャルワーカーは自宅への退院に向けて，入院前に契約していた居宅介護支援事業所へ連絡をとり退院準備に入ることを報告した．しかし，「人工呼吸器装着という医療ニーズの高い患者を支援する自信が無く，荷が重い」との理由で断られ，他の事業所をあたって欲しいとの返答だった．早急に支援可能な居宅介護支援事業所を探し，依頼した．平田さん・家族はこれまでの経過を知るケアマネジャーからの変更を非常に残念がっていた．

　平田さんは自宅へ帰る目的を「デイケアの仲間に会いたいから」と話した．そのため，医療ソーシャルワーカーは入院前に通っていたデイケアへ平田さんの治療経過，現状を説明し通所再開を依頼した．ケアマネジャーからは利用困難ではないかと言われたが，医療ソーシャルワーカーと病棟の看護師で役割分担をし，デイケアに交渉を開始した．医療ソーシャルワーカーはデイケアの生活相談員に病院での対応状況や他の介護保険サービスの調整状況を説明し，平田さんのデイケアに対する想いを伝えた．看護師はデイケア看護師に対して，病棟で行っている看護，ケアの状況，呼吸・全身状態について情報提供した．依頼の働きかけを開始した当初はデイケアから受け入れについて困難といった内容の話が度々あったが，気分転換の外出もかねて看護師が同行しデイケアに訪問した．その結果，デイケアスタッフが具体的な平田さんのケア（人工呼吸器の使用方法など）について当院に出かけてきて，指導

を受けようと，積極的な姿勢に変わったのである．

　人工呼吸器を自宅で安全に使用するために，業者，臨床工学士を講師とした講義を調整した．家族，訪問看護スタッフ，デイケアスタッフに参加を呼びかけた．デイケアからは複数のスタッフが参加し，帰り際に平田さんに「一緒にがんばろう」と声をかけてくれるに至った．

交渉──人工呼吸器レンタル・吸引器購入

　当時，人工呼吸器を8時間内部バッテリーで稼動する新機種のレンタルが開始するという情報を得ていたため，自然災害などにより自宅が停電してもリスクが少ないものを利用できるように次のように調整を図った．人工呼吸器新機種のレンタルは当初，主治医が退院時期としていた時期から2週間ほど遅れた時期であった．退院時期を延ばすリスクもあったが，経済的なことも考慮し主治医に退院時期の変更を交渉した．

　また，吸引器・吸入器を購入する必要があった．身体障害者手帳の日常生活用具で給付してもらえる金額内での購入調整を業者と行い，なるべく家族の負担を減らすよう調整をした．

退院前

　利用希望していたサービスの調整が整うまでに数回，ケアマネジャー，訪問看護スタッフ，デイケアスタッフと話し合いを行った．平田さん，家族はもちろん関わる人たちも人工呼吸器装着患者の支援が初めての経験で不安を抱えていたため，医療ソーシャルワーカーは何度も医療スタッフとの話し合いの場を設け，病棟での看護や介護が自宅に移行できるように配慮した．

　退院前カンファレンスを開催し，再度，平田さんの希望を確認した．デイケアの回数は週に1度となったが，徐々に回数を増やしていく考えがデイケア側にあることが確認できた．訪問看護はデイケア以外の毎日，2か所の事業所が分担して訪問することが決まった．この時点で次男の嫁のリフレッシュタイムを週に1度確保すること，訪問介護サービス導入によるヘルパー

の吸引が課題とされた．

　家族，サービス提供者へのリスク担保として，退院後，在宅療養が困難な場合はいつでも再入院可能であると医師から説明した．

退院後

　退院前に課題とされていた，訪問介護サービス導入による吸引は訪問看護スタッフから吸引指導を受けることにより，サービス利用が可能となった．また，次男の嫁のリフレッシュタイムの確保については，デイケアからの働きかけで介護老人保健施設でのデイショートステイという，日中のみのショートステイサービスの利用が可能となり，週に１度は趣味活動の時間を確保することが可能となった．

おわりに

　平田さんは３か月に１度，家族のレスパイト目的で入院をしながら，自宅生活を続けている．数回のレスパイト入院を重ねる中で，サービスの利用希望にも変化が出てきた．それと同時に，初回の退院後には協力を得られなかった次男が介護に加わり，次男の嫁の介護負担・精神的負担の軽減が行われるようになった．

　介護保険サービスでは，医療依存度の高い患者への対応が躊躇される傾向にあった．しかし，医療と介護をうまく橋渡しし，有効にコーディネートすることができれば今回の平田さんのように，受け入れを拒んでいた事業所からも協力を得られることが実証された．しかし残念ながら，個々の事業所だけの努力では限界があり，同様の事例が増加すればたちまちサービスが中断される危険性もある．本事例のように，医療依存度の高い患者の在宅療養がスムーズに行える環境整備の必要性を強く感じている．

事例 6 在宅療養を希望する ALS 患者の療養環境整備

【疾患名】筋萎縮性側索硬化症（ALS）　60代　男性
【要約】ALS の症状進行し救急入院，人工呼吸器装着となった．本人・家族ともに自宅退院の希望が強く，在宅療養のために，往診医・訪問看護師・ケアマネジャーを中心に，人工呼吸器使用と緊急時対応について業者・往診医・電力会社・消防署の協力を得て，自宅退院を支援した．退院後は誤嚥性肺炎による一時入院や筋力低下があるものの，在宅療養が継続されている．

　梶本氏（仮名）は，B 町在住の男性である．妻，母と 3 人暮らしで，一般企業を定年で退職したばかりであった．2005 年秋，手足に違和感があるとのことで，大学病院を受診する．その時，ALS との診断を受けた．2005 年冬，風邪をこじらせ意識が無くなってしまい，自宅で倒れる．救急車で C 市にある当病院（急性期病院）に搬送されたが，呼吸状態が悪いため，挿管後，人工呼吸器装着の状態となった．

入院療養中──医療ソーシャルワーカーと本人との出会い

　医療ソーシャルワーカーが，梶本氏と初めて出会ったのは梶本氏の病室であった．梶本氏は，当初，筆談が主であったが，はっきりと「家に早く帰りたい」と意思表示をしていた．そして，妻も高齢の母が同居ではあるが，「できる限り家で見てあげたい」と強い意思をもっていた．

　医療ソーシャルワーカーやチームスタッフは，自宅退院を目標に準備することとした．しかし，梶本氏の自宅から当院が非常に遠いために，様々な準備が必要であった．そこでまず，梶本氏の自宅が，どのようなところにあるのか知る必要があると考え，病棟看護師，臨床工学技師と自宅訪問をした．どの部屋で療養するのか，人工呼吸器を使用するための電源があるのか，浴場やトイレの位置などを，1 つ 1 つ妻と一緒に確認していった．

　一方で，梶本氏の自宅近くの E 開業医に，人工呼吸器の管理や気管切開した部分の処置を依頼したり，また，日常の看護や相談をしてもらう訪問看

護ステーションにも関わりを依頼した．B町には訪問看護など，特に医療系のサービスが不足していたために，夜間または救急時の対応をどのようにしていくのか，そこが調整の上で難渋した点であった．

　主治医と相談した結果，緊急時に直接当病院まで搬送されるのは危険と判断し，中継地点として，比較的自宅から近い神経内科医のいるF病院（B町近く）に救急時の対応を依頼した．

　また，身体障害者手帳の申請（呼吸器が装着できる車椅子の作成，吸引器・吸入器の購入），介護保険の申請（ベッドのレンタルや各種福祉用具の購入のため）や特定疾患日常生活事業（パルスオキシメーターの購入など）などを活用し，梶本氏ができるだけ，過ごしやすい環境を整えるための準備をした．

　難病の相談窓口である保健所や，各福祉サービスの申請窓口であるB町行政とも連絡をとりあうことで，必要な時に連携がとれるように準備を進めた．

退院前

　ある程度の準備が整った段階で，退院調整会議を開催した．退院調整会議のメンバーは，梶本氏，妻，息子，主治医，病棟看護師，訪問看護師，B町保健師，保健所保健師，医療ソーシャルワーカーであり，現在の利用者情報の共有とそれぞれの役割の確認，退院までのスケジュールについて，話し合いが行なわれた．会議の中で最も込み入った話になったのは，呼吸器の管理や緊急時の対応についてであった．呼吸器の管理については，医療機器業者と交渉後，E開業医が呼吸器の管理に慣れるまで，定期的に訪問してくれること，また，その時に消毒済みの呼吸器の回路を運送してくれることや停電時には電力会社に優先的に電力復興してもらえることも行政等と一緒に働きかけたことにより可能となった．また，B町とC市は，医療圏が異なっていたため，梶本氏の自宅から直接当院まで救急搬送することが難しかったが，梶本氏や家族より当院への搬送希望があれば可能ということになった．

　自宅の状況が整った後，梶本氏は約5か月ぶりに自宅に外泊することと

なった．外泊時には，当院の看護師や臨床工学技師だけでなく，B町でも訪問看護師が待機しているようにした．外泊後，特に問題が生じなければ，そのまま自宅退院という形をとることで，長距離の移動をしなければならない梶本氏の負担を軽減することにした．

退院後

外泊時に特に問題が生じなかったために，そのまま無事退院となった．梶本氏のところには，週に2回，訪問看護師が訪問し全身状態の観察や医療的な処置を行っている．現在の主治医は，E開業医であるが，当院にも訪問看護ステーションより月に1回の訪問看護の報告書が届くため，現在の梶本氏の状態を共有することができている．また，時々，医療ソーシャルワーカーにも相談の電話があり，相談ネットワークの一部として機能している．

おわりに

梶本氏は，時々，体調を崩すことがありながらも，自宅療養を継続されている．しかし，本人の筋力が低下するにつれて，妻の介護負担は増えつつあり，妻の健康問題が気になるところである．また，B町とC市の距離の問題から，気軽に当院の神経内科の専門医に現状を診てもらうということが難しいため，特に家族や関係者が，本人と関わる上での不安を十分に軽減できていない点が現在の課題である．また，この事例ではB町の開業医が外科医であったことや訪問看護ステーション，行政，消防署や電力会社の好意で在宅療養が可能になったことは忘れてはならない．ALSのように，医療的管理を必要とする利用者が在宅療養を継続する場合には，かゆいところに手が届くようなきめ細かいサービス提供ができる環境が必要であり，本人や家族を支えられるネットワークの構築が，今後不可欠である．

> **事例 7** 地域関係者を巻き込んだネットワーク形成による
> 在宅復帰
>
> 【疾患名】筋萎縮性側索硬化症（ALS）60代　女性
> 【要約】人工呼吸器，胃瘻造設，吸引が必要でコミュニケーションパソコンを使用，10年間入院継続してきた患者が在宅復帰を希望した．医療ソーシャルワーカーは，家族の不安を軽減するため外出を行ったり，カンファレンスなどを通じてスタッフの退院への意思統一と具体的準備のための業務を明らかにしていった．地域関係者をも巻き込んだコーディネートを行い退院準備を進め，ネットワークを形成することにより，患者の在宅生活が可能となった．

　佐伯さん（仮名）は，筋萎縮性側索硬化症を50歳のときに発症している．

　発症し3年が経過した頃，体の自由がほとんど奪われ，呼吸機能が低下し，人工呼吸器の装着を余儀なくされ，入院となった．それまでの在宅療養を断念し，「もう二度と帰ることがない家」と決別の思いを胸に，入院した．それから10年が経過していた．

　現在は，わずかに体を動かすこともできない状態である．コミュニケーションの手段は，額にタッチセンサーをつけ，額に寄せるしわがセンサーに感知し，打ちたい文字をポインティングし，文章を綴る．彼女は，療養中の出来事や家族を思い遣る気持ちをパソコンで綴ることを日課にしている．

　ある日，「変わってしまっただろう自分の住んでいた町を一度見てみたい」と主治医に伝えた．最近，彼女自身，体力的な衰えと，パソコン操作が限界にきているように感じ，死を感じることが度々あるという．入院時，二度と戻ることがないと思った家だが，「死にゆく前にもう一度」という思いが強くなってきたとのことだった．

　その思いにチームとして，どのように応え，実現していくことができるか支援が開始された．ソーシャルワーク支援について，経過を3段階に分ける．

退院前
本人・家族の退院への思い

　当院には，難病により重症の身体障害がある，あるいは医療依存度の高い人が多く入院している．人工呼吸器を装着した人は，入院が長期化し，10年から20年近く療養生活をしている．その中で，呼吸器を装着した患者さんの退院支援は過去にごく数例しかない状況であったが，退院支援を強化していこうという方針により，初めて医療ソーシャルワーカーが採用された．

　佐伯さんも，呼吸器を装着すると決めたときに「これからの時間は病院で過ごすしかない」と諦め，入院の当日，車から見る自宅や周りの風景がだんだん遠のき，小さくなっていくにつれ，涙が止まらなかったと話された．当時は，夫も働き，子どもは高校生だった．夫や子どものことは義母にお願いすることができても，自分自身のケアまで依存することはできなかった．

　一緒に生活することができなくても，家族を思いながら療養生活をしていければいいと，自分に言い聞かせながら過ごしてきた．しかし最近，額の筋力の衰えが気になり，パソコンでの誤操作が多くなった，何となく倦怠感があり，以前のような気力が湧いてこない……「これは死に向かっているのだな」と思ったと語った．「発病して，命が惜しいと思うことはなかったが，死を意識するとこんなにも封じ込めてきた思いがあふれるとも思わなかった」，「家に帰ってみたい．自分が最後に見た町はかわってしまったのだろうな」と続けられた．もう一方では「夫の負担を考えると申し訳ないから，なかなか自分の気持ちだけでは決められないわよね」と躊躇の様子が伺えた．

　夫・聡さん（仮名）は「本人の思いを叶えてやりたいが，看ていく自信がないです．今は退職していますが，子どもは結婚し外にでているし……ただ本人が感じるように最近の様子はあまり芳しくないようですし，このままでは気の毒かなとも……」と話した．夫は退職後，毎日のように面会し，吸引や胃ろう等のケアも行えるようになっていた．ただ在宅でのケアをひとりで担うことや，緊急時の対応，いったん退院すると二度と戻れなくなるのではという不安を語った．

医療スタッフ

　前記のように，長期療養患者が多い当院では，退院支援を経験したスタッフがほとんどいない．職員の意識の中に，重症化する患者の入院が長期化するのはやむを得ない，自宅での療養は困難だろうという考え方が多勢を占めている雰囲気があった．

　しかし一方では，介護保険制度等在宅ケアを支援するサービスも充実しているなか，家族が看ていく事も必然という意見もでていた．いずれにしても，当時佐伯さんの在宅療養を支援するための具体的な方法を持ちえてはいなかった．

　そこで医療ソーシャルワーカーは本人や家族とスタッフに，本人の思いを実現するための「在宅療養を可能にする全体像，必要な準備，プロセス」を提示し，医療ソーシャルワーカーよりカンファレンスを提案した．

1) 思いの分かち合い

　初期カンファレンスでは，佐伯さん自身がその場で思いを伝えることがスムーズではないため，事前に思いが書かれた記録と，家族が表現した「佐伯さんへの思い」や在宅ケアの不安を列記したものを共有した．

　また事前に，医療ソーシャルワーカーは家族と面接し「看て行けるとしたらどんな不安や心配がなくなればできそうか」について，話し合った．その中で「最初なので自信がない，短い期間であれば何とかやれそう．」とのことで，医療ソーシャルワーカーより，退院日に入院日を決めること，すなわち一旦退院しても確実に病院には戻れる体制を提案をした．不安に対しては，充分な保障と安心を提供することを医療ソーシャルワーカーからスタッフに伝えて理解を求めた．その結果，退院期間――つまり自宅で過ごす3日間の後には再入院を約束し，その準備に取り掛かることになった．

2) 課題の抽出

　佐伯さんの医療・ケア面においてカンファレンスで以下のように整理した．

必要なケア	どのように	頻度	誰が	家族ケアの状況	残された課題
レスの操作・カフ圧確認		1回／日	看護師	未経験	
吸　引	吸引機にて痰を取る	10回／日	看護師	可　能	夜間対応が大変
食　事	胃ろうから	3回／日	看護師	可　能	
排　尿	バルン挿入	1回／日	看護師	可　能	
排　便	座薬にて促す　オムツ内	1回／日	看護師	未経験	詰まりやすい
入　浴	ベッドバス	2回／週	看護師	未経験	
体　交	エアマット使用	3時間毎	看護師	可　能	
服　薬	胃ろうから注入	2回／日	看護師	可　能	在宅では負担大
コミュニケーション	パソコンの設定	1回／日	看護師	可　能	夜間は負担大

3) 課題への対応

〈具体的なケアについて〉

ケア技術の習得への支援：看護師による家族への指導

ケアの分配：介護保険サービスの利用――夫のケアへの負担軽減を図る

　　　　　　当院からの訪問看護――入院生活から在宅生活への移行をスムーズに行うため

不安への対応：体験者から支えられる――患者会からの励ましや精神的な支援等

　　　　　　再入院の確保――期間限定であることの安心（とにかく3日間やってみる）

　　　　　　日常ケア・緊急時の診療体制――訪問看護，往診医の確保

　　　　　　医療機器のトラブルへの対応――機器会社への緊急時対応，停電等の事態に対応するように電力会社へ連絡

支援のひろがり

　残された課題については，介護保険を利用することになった．院外の支援機関――介護支援専門員，訪問看護，往診医等の協力を得る．また同じ疾患を持つ療養者やその家族の助言も不安の軽減につながった．それぞれの職種の役割を明確にすること，生活（ケア等）の状況を関わるスタッフとともに

共通理解すること，生活全体を見渡しながら，人と人，人と社会資源をつないでいくことがチームを動かす主軸になった．

同時に，長期入院をしていた佐伯さんの退院は他の患者にも影響し，「私たちもこんなチャンスがあれば……してみたい」と患者や家族への希望にもつながった．

退院そして自宅での生活

退院準備1か月を経て，新緑まばゆい頃に退院の日を迎えた．その日は佐伯さん，夫の聡さんとともに当院の担当看護師と医療ソーシャルワーカーが自宅まで同行した．病院から自宅までの道のりを少し遠回りしながら，10年前からはずいぶん変わってしまった光景を佐伯さんは感慨深そうな表情で見ていた．夫の聡さんは佐伯さんと一緒に過ごした昔を懐かしみながら，町の変化を説明していた．自宅ではケアマネジャー，訪問看護師，患者会の仲間が待っていてくれた．スタッフは自宅での療養環境をすばやく整えた．

こうして佐伯さんの自宅での生活が始まった．途中，連絡を入れたり，ケアマネジャーや訪問看護師から連絡を受けたり等，佐伯さんの生活が順調であること，家族が安心している様子を確認した．

再び入院

3日間の自宅での生活を終えて，ケアマネジャー，訪問看護師に同行され再入院した．医療ソーシャルワーカーが佐伯さんに「いかがでした？」と尋ねると「家にはコーヒーの香りがしてね．ずっと以前は何気ないと思ってきたことがこんなにも嬉しい……また行けるといいです」と入力された．後日，佐伯さんは自宅での生活で感じられたこと，家族への慰労への気持ち，スタッフへの感謝が綴られた手紙を関わった支援者一人ひとりに下さった．家族は限定された期間であったこと，再入院が保障されていたこと，いろいろな人や機関がかかわったことによる安心感があったこと，何より彼女自身の思いを叶えられ，穏やかな表情を見られたことが嬉しいと感じられたこと等

を話された．

　院内外のスタッフにも大きな変化や学びがあった．在宅療養への支援を通して，患者の思いを支援することの意味，そして他機関のスタッフとの協働の中でその思いを実現できること等々を通し，自分達のケアの支援の広がりや自信をもつことができた．

　その後，当院では家族に対して，吸引，人工呼吸器の操作，胃ろう注入等のケア方法マニュアルを作成する等の取り組みが行われ，また他機関とのカンファレンスを日常的に行えるようになった．

まとめ

　重症心身障害がある，もしくは医療依存度が高い場合，療養者の入院期間は長期化する傾向がある．その中で，本人も家族もだんだん入院生活以外の選択が考えにくくなりがちである．今回，ソーシャルワーク支援において，佐伯さんが自分自身の思いを発信することにより，それを共有しながら，家族や院内外のスタッフがそれぞれの役割を明確にしていった．協働するチームをお互いに育み，次なる患者の支援への取り組みの意欲にもつながった．

　長期療養患者への支援は，ただ漠然とした入院生活に流されることなく，その時々の彼らの思いに添うことが大切である．私たちの支援は「ともにいること」「その人の生を励まし続ける」姿勢を自らに問い続けるものである．

> **事例 8** 単身者とその家族への生活支援
>
> 【疾患名】脳内出血（左被殻出血），アルコール性肝障害　40代　男性
> 【要約】単身男性が脳出血で入院し右片麻痺，失語症，失認症のためリハビリ治療を実施．仕事が見習期間中であったことから医療保険未加入．入院費や住宅ローン返済が滞るなど経済問題に直面し，70代の両親は一時パニック状態に陥る．医療ソーシャルワーカーは患者・両親と共に問題点を整理し，優先順位を立てて解決への計画を立案．関係機関とも連絡・相談．自宅が競売に付されて戻れなくなったため，相談援助と試験外泊を経て，両親宅へ退院．

突然の入院と両親の動揺

　祐一さん（仮名）は，これまでずっと，職を転々としながら生活してきた．住宅ローンや税金などの支払いが滞っており，数年前に離婚して以来単身で生活している．同じ市内に両親が暮らしているが，疎遠になっていた．

　勤務中突然強い右片麻痺と言語障害に襲われた祐一さんは，上司に連れられて来院した．検査の結果，脳内出血が認められ緊急入院となるが，アルコール性肝障害やアルコール依存と思われる不穏・不眠等の精神症状も見られた．入院後1週間が経過しても家族の面会がほとんど見られないこと，また後遺症のため職場（運送業）へ復帰は困難と考えられ，社会復帰に向けた支援が必要ではないかと主治医，看護師から医療ソーシャルワーカーに依頼があった．

　医療ソーシャルワーカーは他職種からの情報をもとに，祐一さんのこれまでの生活や家族関係，経済状況等の確認と，退院支援に向けた関わりが必要と判断した．この後予定されているリハビリカンファレンスに備え，両親に連絡して来院を依頼した．

　入院から約2週間後，両親が相談室を訪ねてきた．75歳になるという父親は，きちんとしたスーツ姿で髭や髪も整えられていた．緊張した面持ちだが，分からないことがあれば質問しメモをとっていた．対照的に，母親は古びたセーターにズボンの普段着で，髪も乱れ化粧っけのない顔で来室した．

ずっと俯いたまま涙を拭いながら話を聞いており，疲れきった様子である．

　両親は祐一さんの入院で，気にかかりながらもそのままにしていた様々な問題に直面することになり，また病気と後遺症の受容が十分でない中，今後の生活への不安が募ったことから，パニックに陥っていたのだった．

　祐一さんには2人の子どもがあったが，離婚後前妻が引き取り1人暮らしとなった．近所や職場の同僚との付き合いはなく，友人もいなかった．孤独な生活の中で，不安を感じていたのか，次第に酒の量も増えていったようだ．時折酔った勢いで，近くの県営住宅に住む両親宅を訪れることもあり，両親は心配していたのだった．

　医療ソーシャルワーカーは，両親の不安を受け止め，心理的に支えながら，問題点を整理した．結婚後に購入した新築の住宅は，ローンの返済が滞り入院後すぐに競売にかけられていた．また国民健康保険の保険料や介護保険料の未払い等，複数の負債を抱えていた．現在の勤め先は試用期間中のため，傷病手当金の支給摘要とならないうえ，入院に伴い不採用とされてしまった．こうしたことで，祐一さんの入院は両親にも精神的負担が大きく，母親は食欲不振や不眠等が続いていたという．

　医療ソーシャルワーカーが，祐一さんのこれからの生活について尋ねたところ，「私たちも年だし，早く職場復帰を果たして親に頼らず1人で暮らしていってほしい．」「私たちも年金暮らしで大変なのに，親としては借金をしてでも入院費等支払っていかなければならないのだろうか．」「生活保護の申請をすることで，この先仕事の意欲や目標がなくなってしまうのではないか．」と，退院後の生活への期待や不安，医療費の支払いの心配等がゆっくりと語られた．

　医療ソーシャルワーカーは，現状では生活保護を検討することが必要と判断した．ただその前に，両親の経済的支援がどの程度まで可能か，医事課の担当者と共に話し合った．また市役所の保険年金課に連絡し，これまで滞納していた保険料の納入について，両親と相談する機会を作ってもらうことにした．早速市役所を訪れた両親は，滞納分の国民健康保険料を分割で支払う

ことを約束し，高額療養費とその貸付制度の申請が可能になった．その結果，両親も経済的に余裕はないが，この先の入院費は何とかまかなえる目途が立ったことから，生活保護の申請は見送ることとなった．さらに医療ソーシャルワーカーは，病院に支払う高額療養費の自己負担分を分割で支払えるよう，院内の調整を行った．

援助計画づくりから援助計画実施

　入院後3週間程で，祐一さんの病状と精神状態は安定し，リハビリカンファレンスが開かれた．各職種の取り組みと今後のチームの目標が設定された．身体的機能は右上肢麻痺MMT5分の1[1]，右下肢装具の着脱や更衣，排泄動作に一部介助が必要である．歩行は装具をつけて4メートル程可能，自発的な発語もみられると報告があった．医療ソーシャルワーカーからは祐一さんと両親の心理的・社会的・経済的問題への支援を行っていくことを伝えた．そこでチームの方針として，将来は就労し自立した生活の実現を目標に，1か月後を目安にリハビリ専門病院への転院，もしくは両親との同居による在宅復帰が可能かどうか検討していくこととなった．

　数日後，祐一さんと両親が相談室を訪れ，今後の生活について話し合った．医療ソーシャルワーカーは，まず両親が祐一さんの身体機能の現実を知り，それを受け入れることが大切だと考え，両親にリハビリの様子を見学するよう提案した．両親は顔を見合わせていたが，やがてうなずき「よろしくお願いします」と言った．

　また経済的な負担を軽減する為，身体障害者手帳の申請や障害年金の受給について説明し，時期をみて市役所福祉課や社会保険事務所，障害児者相談支援センターなどに問い合わせを行うことにした．退院後に帰る場所のない祐一さんには，両親宅での同居かリハビリ病院への転院しか選択肢がなかったが，両親は，リハビリ病院は自宅からかなり距離があり，経済的にも入院の継続は難しいと判断している．しかし長年離れていたうえ，障害もある息子との同居には不安があり，簡単には踏み切れないようであった．祐一さん

は言葉数少なくうつむいたままだった．

　医療ソーシャルワーカーは，ヘルパーの利用や住宅改修など居宅サービスについても説明した．また，これまで生活習慣の乱れなどもみられ日常生活支援やアルコール類の管理などの対応等々について検討していくことにした．

　面接終了後，理学療法士と作業療法士に，リハビリの様子を両親が見学できるよう依頼し，両親が祐一さんの身体機能を理解すると共に，祐一さんと両親がこれからの生活に向けてしっかりと話し合うきっかけにしてほしいのだと伝えた．

　翌日，医療ソーシャルワーカーは両親と共にリハビリ室に向かった．祐一さんは，両親を確認すると照れくさそうな表情を見せた．両親は実際の訓練の様子を見ながら，これまでの訓練と身体機能の現状，今後の回復の見込みについて担当者から説明を受けた．またそこで，退院後同居する場合には，住宅改修等の準備を要することもあり，できるだけ早く考えを明確にする方がよいと提案された．

　リハビリ終了後，祐一さんと両親が，医療ソーシャルワーカーを訪ねてきた．両親は祐一さんが職場復帰を果たし，自立した生活をするにはしばらく時間がかかると理解し，同居の意志を固めていた．そんな両親に，祐一さんは「1人での生活に自信がなかった．親と一緒に生活をしたいと思っている．」と初めて自分の気持ちを伝えることができた．これまで感情を抑えてきた息子が，初めて気持ちを開いて本音を語り，両親にも十分に思いが伝わったようだ．

　その後は両親の面会も頻繁になり，自主的に病棟内を歩く祐一さんの姿を目にすることが多くなった．

評価，終結──親子の新しい生活へ

　入院後2か月を経過すると，祐一さんは右上肢の麻痺は強く残るものの，次第に装具の着脱や杖なしでの歩行ができるようになり，更衣や排泄動作も可能な状態に回復してきた．両親も精神的に落ち着いた様子で，自主的に関

係機関へ足を運ぶようになっていた．

　そこで主治医から，両親宅への外泊が提案された．結果は，「いろいろ心配していましたが，久しぶりに親子で一晩ゆっくり過ごすことができました」という母親の明るい笑顔が物語っていた．その後数回の試験外泊を繰り返して，医療ソーシャルワーカーは家族の協力も得られることから，介護保険の申請は不要と判断し，祐一さんは退院の運びとなった．

　主治医からは，退院後は月1回の外来受診と週2回のリハビリが必要であること，しばらくは車の運転を控えること，現段階で仕事に就くことは困難であり自宅で療養するようにとの指示があった．医療ソーシャルワーカーは，本人のやる気の維持や両親の心理的支援，社会資源の利用等のため，今後も継続して対応することとし，毎月の受診後に相談室に立ち寄ってもらうことにした．そして入院から2か月半後，祐一さんは両親宅へ退院していった．

　翌月，祐一さんはさっぱりとした表情で，受診後相談室にやって来た．そして，家族の支えで生活リズムが整えられ，苦手だった家事や金銭管理等も少しずつ身についてきていること，両親に相談ができるようになり1人で問題を抱え込まないようになったこと，そのためお酒も控えられていること等を，両親への感謝の言葉をまじえながら医療ソーシャルワーカーに語った．同居という選択は様々な面で両親の負担となることが考えられたが，祐一さんの話から，この親子にとってはよい選択であったのだと実感された．関係機関が身近にあり，いつでも相談可能な環境にあることも，両親の支えになっていた．

　退院から3か月後，医事課から祐一さんの入院費の分割払いが完了したとの報告を受けた．そして発症から半年後，身体障害者手帳を申請（4級相当）し，身体障害児者相談支援センターのコーディネーターに相談窓口を引継いで，終結とした．

注
1) Manual Muscle Testing：徒手筋力テスト．個々の筋の筋肉を機材を使わずに徒手的に評価する方法のこと．

事例 9　在宅生活を希望する夫と，介護に不安を感じる妻

【疾患名】脳梗塞，失語症　50代　男性
【要約】患者は，PEG[1]装着で自力での移動は困難である．患者は，在宅生活を希望したが，妻は今までの夫の生活態度への不満，医療依存度の高い介護への不安などから，施設入所を希望した．医療ソーシャルワーカーは，両者の考えを調整していきながら，特に医療機関，医療サービスとの連絡・調整を行い，医療処置やレスパイトケアへの準備をすすめた．結果として，適切な医療処置を利用しながら，在宅生活を継続した．

入院依頼

　リハビリテーション病院から介護保険型療養病床を持つCケアミックス病院[2]へ入院の依頼があった．石井さん（仮名）は，尿便意がなくオムツ内失禁，車椅子に安定して乗ることは出来るが全介助であった．入院相談の時点では主介護者である妻は施設入所を希望する．

関係作り

　入院した当初は石井さんと妻のそれぞれとの良好な関係を築くことを目標とし，病室訪問を定期的に行ったり，リハビリの様子を確認するようにした．妻が来院するタイミングを見計らってあいさつや世間話に付き合うようにした．石井さんは発症から約1年入院継続をしており，病院での長期の生活にいらいらすることもあった．入院中のストレスを軽減するために病棟でのレクリエーションへの参加を促したり，看護師や介護福祉士からも声かけをするように依頼した．次第に石井さんの気持ちもほぐれ始め，リハビリや食事中に笑顔がみられることがあった．

今後の生活について

　入院後しばらくして，スタッフ間でこれからの療養生活についての話し合いの場が持たれた．本人はなんとか自宅での生活はできないものかと，リハビリに意欲的に取り組んでいるとの報告がリハビリスタッフからなされた．だが医療ソーシャルワーカーが妻に話を聞いてみると，施設への入所を考えているとのことであった．今まで石井さんは酒を飲んで夜遅くに帰宅し，パチンコに生活費をつぎ込んでしまうような人であり，そのような生活態度への不満から施設入所を考えているということであった．しかし，妻は夫の愚痴はこぼすものの，ほぼ毎日様子を見に来院していた．Cケアミックス病院では長期入院の希望者にも，できるだけ家族には面会に来院してもらうように入院時より促しているが，ほとんどの家族は2週間に一度来院するかしないかであった．石井さん本人が在宅での生活を希望していることと，ほぼ毎日来院する妻の心理に着目し，在宅生活の方法を模索することとした．妻には日々の夫の様子を報告することを看護師・介護士やリハビリスタッフに依頼をした．また，介護保険サービスや在宅医療についての説明を丁寧に数回に分けて医療ソーシャルワーカーは妻に話す機会を作った．

　入院後1～2か月ほどたったある日，「本人もがんばっているんですね．」と嬉しそうに妻が笑って話していた．医療ソーシャルワーカーは今しかないと思い「石井さんなりに今精一杯家に帰ろうとがんばっておられます．在宅での生活にチャレンジしてみませんか」と働きかけた．「どうしていったらいいのでしょうか」という妻の言葉を聞いたときには「よし！」と思った．

在宅生活に向けての作戦会議

　妻が在宅生活のどういったところに不安を持っているのかについて，具体的に整理するために話し合った．

- 妻との2人暮らしで，介護者は妻だけである．妻は在宅生活を考えてみようと思ったものの，発症前と同じように気ままにされては耐えられないと考えていた．

- Aリハビリテーション病院入院中しばしば誤嚥性肺炎[3]を起こし，急性期の病院への入院を繰り返していた．そのために在宅生活中にも何か起こったときのことを考えると不安があるとのことだった．

在宅生活に向けた具体的なアプローチ

妻の在宅生活への不安を踏まえて，在宅生活に必要なそれぞれのポイントについて以下のように取り組んだ．

- 妻との関係調整

 1週間に1度，石井さんと妻と医療ソーシャルワーカーで，考えていることを話し合う時間を設けた．本人には医療ソーシャルワーカーから妻の介護の限界も考える必要があることを話し，ヘルパーやデイケアの利用も提案した．妻にも出来るだけのことでいいから協力してもらい，妻の希望をかなえるように関係を調整した．

- 社会資源

 退院の約2か月前から在宅生活には欠かせないケアマネジャーを模索し，早い段階での情報交換を心がけた．往診可能な診療所もケアマネジャーと相談して探すこととした．退院後はショートステイも利用することになっていたが，胃ろう[4]でも利用可能なショートステイが不足している地域であったために，レスパイトケアが検討できる医療機関も準備しておくこととした．退院前からかかりつけ医となる医師にも本人の入院中の様子を見に来てもらうよう促す．

- 食事

 在宅生活を可能にし，石井さんの経口摂取したいという思いや妻が抱いている誤嚥性肺炎の不安を解決するために，基本的には胃ろうからの栄養摂取とし，ST[5]による訪問でのリハビリを継続することとした．胃瘻の処置や注入については妻に介護指導がなされた．注入食は石井さんの体調に合うものが，薬剤ではなく食材として発注できるものであったため，妻が業者に直接注文する方法をとることとなった．

・外泊

　外泊を利用し，不安なところ，足りないサービスを共に具体的に考えた．入院中は看護師に気軽に相談が出来るが，在宅生活を始めると身近に気軽に相談できる者がいないことに不安を感じるという妻の意見があったために，訪問看護の導入を検討した．

退院後のミニカンファレンス

　退院後は訪問看護・往診を利用し，胃ろうのチェックを受けていた．退院後B病院の外来にも来院．ショートステイの利用が出来ないときは医療機関のレスパイトケアも[6]利用していた．石井さんはヘルパーやデイケアも使い，妻の介護疲れも心配しているようであった．

　在宅療養には患者・家族の在宅療養に対する同意とどのようなプランで生活していくのかという意見の統一が必要とされる．これらが実現できるように石井さんと妻それぞれの思いに添いながら話し合う時間を意識して作るようにし，必要なことを一緒に考えるようにした．また，石井さんと妻の気持ちにスタッフ全員が寄り添うために，ミニカンファレンスを1週間に1度は行うことを提案した．これらを行うことにより在宅生活を行うためには何が必要かを話し合うことや他職種の取り組みに関しても意見交換ができ，石井さん夫婦への援助をよりよいものとすることができた．

　さらに，社会資源の紹介や活用は在宅生活への思いを具体的に可能するものであり，入院中からこれらについて説明し，退院に向けて必要なサービスを調整した．特に，医療ソーシャルワーカーが意図的に「気持ち」に注目した援助を心がけたことにより，安心した在宅生活が実現できたのではないかと思う．

注
1) Percutaneous Endoscopic Gastrostomy：経皮内視鏡的胃ろう造設術のことで，内視鏡をつかっておなかに小さな穴をあける手術をいう．
2) 同一の病院内で急性期病棟と療養型病棟が混在しているタイプの病院をいう．
3) 誤嚥または誤飲を契機として発生する肺病変．
4) 口から食事を食べることができない人が，胃の中へ直接栄養剤を入れるために，おなかの壁を通して入り込んだ管を「胃ろう」と呼ぶ．
5) 言語聴覚士．
6) 在宅で生活をする療養者の健康面のチェックと医学的な管理，その家族の疲労への支援を目的に，一時的に療養者に入院生活を提供するケアである．

事例 10　妻の決心を支援する

【疾患名】転落事故による頸髄損傷　60代　男性
【要約】長期入院となり希死願望が強い一方，リハビリも進むなかで，傾聴しながら自宅退院希望というポジティブな気持ちを支え，また本人に嫌気を感じていた妻を労うことで，退院後の介護を引き受けていくという気持ちを強化していった．同時に，本人にはいい加減だった自分への気付きを促し，妻への感謝の気持ちを引き出していった．退院後の支援体制について，関係スタッフと本人・家族との合同面接を行い，退院するに至った．

第1場面　本人と妻の発症後の物語──伴う怒り

2005年5月，理学療法士より「中村さん（仮名）が死にたいと泣いている．話を聞いてあげて欲しい」との依頼がある．中村さんは，転落事故による頸髄損傷四肢麻痺の男性である．発症から1年後に急性期病院から療養型病院に転院したが，すぐに誤嚥性肺炎となり地域支援病院である当院に入院していた．中村さんは「医師から治らないと言われた」と，怒りと悲壮感を表出する．驚いたことに本人は障害告知されていなかった．また「家に帰りたい気持ちはあるけれど，自分のことは妻の決定に任せないとしようがない」と依存的であった．

妻の話を聴くと「家族のことは考えず自由気ままで，お金にも苦労させられた夫に嫌気がさし離婚を考えていた矢先の事故で，仕方なく連れ添っている．在宅介護は考えられない」と言う．また，急性期病院からの退院勧告への不満，十分な情報も持たずに療養型病院へ移ったが介護が酷い，などと怒り[1]を持って訴えた．肺炎が治ればすぐにもとの病院へ返されるのではないかという不安の中，本人がわがままで「なぜ家へ帰れないのか」と責められることの辛さを止まることなく話し続けた．

頚髄損傷の自己管理教育とリハビリの必要性をカンファレンスで提起し，4か月の入院期間を設定した．本人に目標を確認すると「機器を使い食事を一人でしたい．1時間は車いすに座りたい」とやる気をみせた．この間，中村さん夫婦へこれからの療養場所について，転院可能な療養型病院の情報提供を行ったが，当院を退院したくない想いからどの提案に対しても拒否を続けた．地方では病院数も少なく受け入れが厳しい現実にあるため，療養型病院との確執を取り除く面接を行なった．その結果，以前入院していた病院へ帰院することを決心したが療養型病院のほうから断られた．医療ソーシャルワーカーは療養型病院の院長へ手紙を書き，中村さんと妻が現実を理解し再入院を希望していることを伝えたが，聞き入れられなかった．

第2場面　度重なる病状変化の中で希望を持ち続けること

塵肺を基礎疾患として持つ中村さんは，呼吸不全を繰り返すようになり，肺炎や心不全を併発した．嚥下障害が生じ胃ろうを造設，膀胱留置カテーテル，喀痰の吸引も頻回となった．覚醒レベルが下がり全身状態も低下していった．抑うつ傾向が悪化し心療内科の受診を行った．度重なる医師の病状説明に医療ソーシャルワーカーは妻を援助するため同席した．看護師は「死にたい」と言う中村さんと「なぜこんなことになるのか」という妻の攻撃的な言葉に疲れ果てた．そのような過程で，理学療法士と作業療法士が中村さんの体調の良い日を見つけ，辛抱強く前向きなアプローチを行った．「あきらめないで良くなりましょう」彼女らの一生懸命さが中村さんに伝わり，リハ

ビリを続けていた．中村さんと妻のみならず，医師をはじめとする医療スタッフも「あきらめないで」という姿勢の彼女らに心理的に支えられ，チームワークが発揮された．医療ソーシャルワーカーは中村さんの絶望と妻の苛立ちを受け止めながら，本人と妻の言動が客観的にどのような心理構造から生じてくるのか観察し，医療スタッフに対する期待から発していること，夫を守ろうという妻の言動がでてきているというポジティブな面に着目し，スタッフとの関係性の調整を行った．

第3場面　退院の勧告──妻の決心に人格的成長をみる

2006年5月，入院から1年を経て，カンファレンスの結果，在宅でも管理できると判断された．「これ以上は良くはなりません．しかしそれなりに落ち着いています．今がいい時かも知れません．家に連れて帰ってみませんか」医師をはじめとする医療スタッフは，今までの寄り添うような支援姿勢ではなく，中村さんの自立を促す毅然とした態度で臨んだ．

妻は「受け入れてくれる病院は近くにはない．老人保健施設も特養も受け入れは無理だということがわかりました．ならば運命と諦めて家で看ます．良い夫，良い父ではなかったんですけどね，私しかいないことがわかりました．長い間かかったけど引き受ける決心をしました[2]」としっかりした目で少しだけ微笑んで言った．

「よく決心されましたね．中村さんを尊敬します」医療ソーシャルワーカーは医師とともに頭を下げた．大きな課題を前に，医療制度が悪い，療養型病院がひどい，引き受けない施設はどうなっているのかと怒り続けていた妻が，真正面から課題を乗り越えようと決心をしたことに敬意を表した．人の強さに感動して不覚にも涙がこぼれた．

第4場面　退院に向けた介護指導と準備

中村さんには「依存的では困ります．中村さんにできることをやってください．まず奥さんに感謝して仲良くやっていく言葉かけをお願いします．死

にたいとかもう言わないでくださいよ．みんな頑張れなくなりますからね」とお願いした．中村さんは照れくさそうにうなずいた．1か月後の退院へ向けて，介護指導などの具体的スケジュールが進行していった．スタッフも生き生きしていた．医療ソーシャルワーカーは当院主治医と在宅のかかりつけ医との調整，介護保険と身体障害者のサービス利用による環境設定を行った．妻へ在宅スタッフを紹介し，在宅チームの優秀さをことあるごとに話した．決心した妻は，吸引・経管栄養・介護・リハビリと確実に1つずつクリアしていき，6月はじめに中村さんはみんなに見送られ退院した．発症して2年3か月ぶりに，帰れないと諦めていた家へ帰ることができたのである．

第5場面　再入院での妻の逞しさ

1か月後の7月はじめ，中村さんは熱発が改善されないため検査入院した．その後突然，意識消失し挿管するに至った．が，7月末抜管できた．しかし，「検査で入院したのにこんなことになって」と妻の不信が病棟とのストレスを引き起こした．「訪問看護は1人の人のため来てくれる．技術も病院の若い看護師より優れている．ここでは大勢の中の1人だ」という妻の言葉に，1か月間の在宅ケアがうまくいっていたことが伺える．妻は中村さんに「訪問看護さんが待ってるよ．早く良くなって帰ろうね」と励まし，積極的な治療と在宅への意欲を見せた．逞しい妻の姿を見ながら「やるなあ．たいしたものだ」と感服し，医療ソーシャルワーカーは嬉しかった．中村さんは呼吸不全を繰り返したが，入院から6か月目に状態が再度落ち着き，退院日が決った．常に家へ帰ろうという中村さん夫婦の目標があり，妻が主導して退院の準備を行った．医療ソーシャルワーカーはもはや不要であった．すべての準備が整っていた退院6日前，中村さんは突然の心肺停止となり亡くなった．

注
1) 妻の怒り

　治っていないのに，医師に「もう1年の入院になりますから，そろそろ転院してください」と言われ途方にくれた．頼りにしていた医療ソーシャルワーカーに「どこにしますか．探してきてください」と言われ，「心当たりがない」と答えると，リハビリがあるからと入院していた療養型病院を勧められた．転院してみると，理学療法士は辞めていて，寝たきりの老人ばかりだった．介護も雑で納得できなかった．

2) 妻の決心

　医療ソーシャルワーカーはしばしば，妻と夫のダイナミズムが大きく逆転する場面に出会う．夫から守られるべき私という妻の概念が再構築されて夫を守る私へと変化する．そこには，夫婦生活を乗り越えてきたことへの自信と，現在の夫を認める妻の成長があり，自己効力感が高まった妻の余裕さえみえた．

> **事例 11　全介助患者の退院実現**
>
> 【疾患名】脳梗塞後遺症（脳幹梗塞，気管切開）　60代　男性
> 【要約】脳幹梗塞後遺症で全介助の60代男性．気管切開，胃ろう造設．家族が望んでいた自宅退院は，改修等では解決しがたいほどの住環境の不都合に直面し，一旦断念して他院への転院も検討していたが，入院中に結婚した長女夫婦が新居を新築し，患者夫婦を迎えて同居することになり，医療ソーシャルワーカーは家族にカンファレンスに同席してもらったり，介護保険サービスの導入に向けて訪問診療やケアマネと連携して在宅準備を支援し，自宅退院を実現．

発症から入院までの経過

鈴木さん（仮名）は，今から約4年前に自宅で倒れ，救急搬送されA病院へ入院．脳幹梗塞との診断で治療を受ける．病状は安定したが，意識レベルの改善と四肢麻痺の改善は難しく，ベッド上で全介助の状態となった．さらに気管切開し頻回に喀痰吸引が必要となり，食事は経口摂取困難で胃ろうを造設し流動食での栄養管理となった．

発症時は家族と共に他府県に在住していたが，親族を頼り現在のB市へ転居し同時に患者本人も療養型病院である当院へ転院となる．転院に至るまで，医療ソーシャルワーカーは前医より患者の病状等の情報収集を行い，当院側の医師・看護師・介護職員・薬剤師・理学療法士など（以下，関係スタッフとする）へ情報提供や家族面談，電話等で入院までの調整を行った．

家族の思いと現実

当院へ入院する前の相談段階から妻は「本人を入院させている間に自宅の環境を整え，その後は在宅で介護していきたい」と自宅退院を希望していた．しかし，引っ越した新居の立地条件が悪く，住宅改修でも解決し難い状況であることが分かった．だが，新たに別の新居を構えるとしても経済的な問題もあり現実的には難しかった．その結果，自宅への退院は一旦断念せざるを得なくなり，妻を含め家族としても在宅介護の希望が崩れ，残念な思いを残

しながらその後の入院を続けることとなった．しばらくの間はリハビリと療養目的で入院を継続し，その後の方向性は他院への転院等も選択肢に含め検討していくこととなった．しかし自宅退院を阻害している要因は住居環境だけであり，自宅退院が困難となってからも妻の介護に対する姿勢は変わらず，ほぼ毎日にわたり身体介護やリハビリに至るまで積極的な参加協力は続いていた．

　入院中の定期的な病棟カンファレンスにおいては，今すぐではなくとも将来的に在宅介護が出来る状況が整うことを前提とし，それまでの間も妻の思いや姿勢を繋ぐ為にも在宅を見据えたケアを主軸におき，チームとして関係スタッフ間の意思統一を図った．

　カンファレンスにおける医療ソーシャルワーカーとしての立場は，家族の希望や不安な思いや感情を代弁し，家族の今の思いに直結したケアを関係スタッフが提供していく支援をすると同時に，医療ソーシャルワーカー自身もチームの一員としての役割や課題を認識し援助していくことである．このことを踏まえた上で，妻の精神的・身体的なストレス軽減を考慮した各スタッフの役割を確認し，医療ソーシャルワーカーとして妻の精神面の支援や今後の方向付けを妻と共に検討していく立場をとった．そして，不確定な今後の方向性に不安を抱く妻の思いを受容しながら，主治医と妻との面談にも同席し，個別に面接も重ねていった．

受療援助

　鈴木さんは入院している間に，発熱を繰り返したり，気管切開部の問題等で一時的に急性期病院へ入院し治療することもあった．また，入院から約3か月が経過した頃，妻より「今のままでは本人の意思伝達が望めないため，何とか少しでも声が出せないものか」という相談があり，妻の希望について医療ソーシャルワーカーより主治医やリハビリ担当者と相談・協議し，気管切開部へ取付けている製品を発声が可能なタイプに変更できるか，また，患者に適応するのかを判断する為に，妻の希望もあり専門医を受診し確認する

こととなった．

　急性期病院の耳鼻咽喉科へ受診するにあたり，妻と受診先を相談した．その結果，妻からは2か所受診する病院の希望があり，医療ソーシャルワーカーは各病院へ受診の調整を行った．急性期病院への受診の結果，気管切開部の製品を発声が可能なタイプに変更し経過をみていくこととなった．リハビリの言語療法や口腔内のマッサージ等を継続しながら経過をみたが，患者の状態に合わず出血する等の不具合も出た為に中止となってしまった．この結果，発声の可能性についてはあきらめざるを得なくなったが，出来る限りの事はしたという気持ちもあり，妻としてもその結果を受け止め，現状で介護していくことを再認識していた．

在宅支援

　それからは大きな病状の変化もなく，最初の入院から約1年半が経過しようとしていた頃，妻から医療ソーシャルワーカーへ「娘が結婚することになった．私達親世帯との同居を前提とした新居を建築することが決まった．これで念願の在宅介護に踏み切れるので自宅退院に向けての支援をして欲しい」との相談があった．退院時期を新居が完成する約6か月後に設定し，医療ソーシャルワーカーより各スタッフへ在宅支援要請を行った．また，病棟カンファレンスにおいて関係スタッフがやるべき課題や目標を検討し，病棟で妻に退院までに習得してもらうべきケアの手技や身体介護の指導を依頼．その後の進捗状況や追加課題がないか適宜確認することに努めた．

　やがて新居が完成し，家族の新生活も始まった．その段階で「家族のマンパワーがどの程度望めるのか」「足りない部分を実際どのようなサービスで補うのか」を予想し，医療ソーシャルワーカーは退院前の担当者合同カンファレンスを開催した．この場には主治医を始めとする院内の関係スタッフや退院後に在宅診療・訪問看護に関わる院内・院外の医療スタッフ，介護保険サービスをコーディネートするケアマネジャー，主介護者となる妻，医療ソーシャルワーカーが出席した．

このカンファレンスにより，現在の病状や家族・自宅環境等の患者状況を院内・院外の関係スタッフが情報共有し，入院中に院内でやるべき事や現状を把握した上でどんなスケジュールでサービスを組むべきか相互理解を深めることが出来た．また，退院後に関わるスタッフとの顔合わせをすることで安心感が得られたり，自分ひとりでみていく訳ではなく，多くの支援が後ろ盾として存在していることを実感し，前向きに在宅介護を捉えてもらうことが出来た．

　このような経過により，最初の入院から約2年3か月後の初夏，無事に妻の念願であった自宅退院が実現した．

現在の様子

　退院から1年半が経過した現在も，妻の献身的な介護と院内・院外の関係スタッフの連携により，安定した在宅生活が維持できている．また，医療ソーシャルワーカーとしての関わりも継続しており，かかりつけ病院として病状悪化時などの入院調整や月に1度（1週間）のショートステイ利用を受け入れる調整，また電話相談など精神的な支援も含め日々行っている．

> **事例 12** リハチームアプローチで重度中途障害者の
> 自宅退院を実現
>
> 【疾患名】頸髄損傷，四肢麻痺　60代　男性
> 【要約】通勤途上の事故による頸髄損傷，四肢麻痺の60代男性．急性期病院からリハビリ目的で転入院．全介助レベルだったため本人夫婦には前途への不安や経済的な心配もあったが，PT・OTの治療と並行して医療ソーシャルワーカーから複雑な身体障害者福祉法，労災保険法の各種社会資源を平易に説明して不安を和らげ，試験外泊を実施．患者らが在宅への自信を持ち始め，支援費制度を用いた在宅サービスや訪問看護の利用も準備し，6か月で自宅退院を実現．

退院への不安

　中田さん（仮名）は，通勤途中の原付バイク転倒事故により頸髄損傷，四肢麻痺となり，急性期病院から当院の回復期リハビリテーション病棟[1]へ転院された妻との2人暮らしで息子が2人おり，同市内に居住しているがそれぞれ結婚し所帯を持っている．

　入院時の日常生活動作は，両上肢挙上20度～30度は可能であるが，口までは届かないので食事は全介助，起立，歩行不能，座位は支持にて可能だが，耐久性に乏しい．また，神経因性膀胱・直腸障害あり排泄は膀胱バルーン留置[2]，排便は緩下剤を服用している．

　医療ソーシャルワーカーとのインテーク面接において，本人は「あまりよくなることはないだろうが今は動かせる筋力を強くしていきたい」と自分の障害に対して前向きではあるが，「家に帰りたいが，何もできないこんな体では家族に迷惑をかけてしまう」と言う．また妻も持病があり時々入院しており介護に自信が無い，家も段差が多くて部屋がせまい，子どもたちは協力はしてくれるがそれぞれ家庭があり同居することはできない，これからの生活費のことも心配，と不安を訴えられた．急性期病院入院中に，その病院の医療ソーシャルワーカーから，今後在宅生活が難しければ療養型病院や施設の入院・入所となることもある，という説明も受けており，本人も家族もこ

れからどうしたらいいのかという不安ばかりの状況であった．医療ソーシャルワーカーからは「在宅か，転院か」の選択をせまることはせず，どちらの選択も考慮にいれながら，本人と家族が自分で決めるまでの過程に寄り添うこととした．

本人の決定を尊重しながら寄り添う

まず，身体障害者手帳の申請の支援を行い，医療ソーシャルワーカーと作業療法士とで自宅を訪問し住環境を確認した．自宅は長屋で玄関に段差があり，風呂は狭く段差があり本人が使うのは不可能である．部屋にベッドを置くスペースはあり，玄関の改修とベッドを入れるなど居室の環境を整備する必要があった．在宅サービスを導入し，息子たちの協力が得られれば夫婦2人で生活できるのではないかと思われた．カンファレンスでは，入院期間を6か月とし，外泊して正月を家で迎えることを当面の目標として，妻，息子に対して看護師から介護方法の指導を行っていくこととなった．本人はリハビリにも意欲的で，作業療法士が顔で操作できるリモコンやナースコールの自助具を作成し，それによって，自分でできることが少しずつ増えたことを喜び，表情も明るくなり前向きな発言も増えてきた．

入院から2か月後，身体障害者手帳1級が交付された．車椅子の自力操作が出来ないため，介護用のリクライニング式車椅子の給付申請をした．また，家族が公営のバリアフリー住宅を申込んだが空き室がなかった．本人も家に帰りたいという希望であることから，自宅に帰る方向となる．市の住宅改修助成事業を申請し，家の出入り口にスロープを設置し，日常生活用具の介護用ベッド，マットレス，リフト，スリングシート[3]の給付申請をする．購入するものと，定められた日常生活用具の上限額との差額が発生し自己負担が高額となり，貯蓄も乏しくなってきているのであまり支出できない，という経済的な心配もあったが，生活費は労災の休業補償給付で維持できていることを確認，今後労災障害年金の受給となったとき特別支給金が受けられることも試算し，経済的な不安が軽減する．住宅改修，リフト等物品の納入

完了し，正月に3泊4日の外泊を実施した．外泊後，「まあ，うまくいった」と本人，妻からの感想であった．退院にむけて，膀胱バルーン管理，排泄のコントロールのため訪問看護の導入，支援費制度を申請してデイサービス，ショートステイ，ホームヘルパー，通院介助の利用とし，入院中にサービス担当者会議を開き，具体的なプランを立てた．また，自宅にて，リハビリスタッフからリフトの操作方法についてホームヘルパーに指導を行い，環境が整ったので当院入院から6か月後，自宅へ退院となった．

今後を共に考えながら

入院中の医療ソーシャルワーカーの関わりとしては，本人に対しては疑問に思ったことがあれば看護師を通じて呼んでもらったり定期的に訪室するなどして傾聴し，生活の心配であれば利用できる社会資源の説明をした．家族に対しては不安な気持ちを傾聴すること，使える制度が支援費，労災と複数あって混乱しがちであったため，その都度わかりやすく説明し，「今，何をするべきか」について一緒に考えていく姿勢を示した．本人，家族ともに「家に帰りたいが本当に大丈夫なのか」という不安を常に持ちながらの在宅生活への準備であったため，介護指導や外泊の実施，サービス事業所担当者の来院などできるだけ具体的な在宅生活のイメージをもってもらうようにし，病棟スタッフやサービス事業所の担当者ともささいな情報も共有し，全員が同じ情報を常に得ているようにした．

退院から数か月経過し障害固定と診断され，主治医より労災障害年金の申請について相談依頼があり妻と面談した．障害年金申請により，訪問看護はそれまでの労災給付から健康保険の給付となる．当該市では重度障害者に対する訪問看護ステーションの自己負担額の助成がないため，これまで費用負担がなかったのが3割負担になることを心配され，主治医，訪問看護ステーション，労働基準監督署とも連携をとって申請時期についても検討した．結果，訪問看護の回数を減らし経済的な負担を軽くするため，バルーン管理を自宅近くの診療所に依頼することとなった．

また，退院後，主治医から電動車椅子なら自分で操作できるようになったのでつくってはどうかというアドバイスがあり，労災の労働福祉事業で電動車イスの支給申請をするよう支援した．退院後は書類の書き方や制度のことなどでわからないことがあると妻や息子らが来院時に相談室にこられたり，電話で相談を受けたりしていたが，その後は医療ソーシャルワーカーへの相談も徐々になくなり，たまに病院で会うと挨拶をかわす程度となっているが，現在も在宅生活を送っている．

注
1) 脳梗塞や骨折の発症後3か月以内に入院し，一般病院や療養型病床よりも手厚く積極的なリハビリテーションを最長180日受けることができる．
2) 尿道にバルーンカテーテル（細長いゴムの管）を挿入し排尿する．
3) スリングシート（Sling Sheet）：吊り具とも言う移動用リフトで人を移動させる時に体を支える布製またはメッシュ製のシートのこと．介護保険制度で，購入費が保険給付の対象となっている．

事例 13　リハビリ目的の転入院患者の自宅退院を実現

【疾患名】脳出血，左片麻痺　50代　男性
【要約】脳内出血後遺症リハビリ目的で転入院．病状認識はやや乏しいものの，リハビリへの意欲と自宅退院への希望強い．身体障害者福祉サービスの利用と生活保護の受給開始となる．院内には転倒の危険が高いため自宅への退院に否定的な声もあったが，関係機関を含めたカンファレンスにより自宅退院に向けた試験外泊を行い，要介護認定を受ける．退院後は歩行能力が向上し，杖歩行にて通院するなど，在宅療養を続けている．

三田さん（仮名）は，ひとり暮らしのアパートで動けなくなっているところを，友人に発見され救急車で病院に運ばれた．病名は脳出血，左半身に麻痺が残った．発症から約2か月後三田さんはリハビリのため当院へ転院した．

転院から3か月間の様子

　夏，身寄りのない三田さんは救急病院の医療ソーシャルワーカーに付き添われ当院へ転院してきた．三田さんは車椅子を自分で操作することはできるがベッドへの乗り移りは少し介助が必要．麻痺のため上手く身動きがとれず時々トイレの失敗があった．医療ソーシャルワーカーは①三田さんが新しい環境に慣れ安心して入院生活が送れること②医師・看護師・リハビリスタッフとの情報共有③経済的な課題などを念頭に援助を始めた．

　三田さんは病前，公園などの草木の手入れをする仕事で生計を立てていた．故郷のこと，仕事のこと，休みの日は自転車で買い物に行くことなど医療ソーシャルワーカーと顔を合わせる機会が増えるにつれ自身のことを語るようになった．看護師と談笑することも多く人と話すことが好きな様子が伺える．リハビリにも意欲的に取り組んだ．何でも自分でできるようになりたいという気持ちが強く，ときにはひとりで行動し尻もちをつく失敗もあった．パジャマや下着などが不足したときは医療ソーシャルワーカーが買い物を代行した．

退院したい気持ちを受けとめて

　秋も終わりに近づき発症から6か月が経過する頃，三田さんは「10メートル歩ける，トイレにもいける」と早く退院したい気持ちを話すようになる．病棟では車イスを使い，リハビリで歩く訓練をしているが病気のために注意力の継続が困難で，ひとりで安全に歩くことはまだできなかった．三田さんの思いと体の具合に差があることを伝えても「大丈夫」，「できる」と自宅退院の気持ちが強い．医療ソーシャルワーカーは三田さんの考えを理解し支援すること，しかしやってみたうえで実際に難しいことがあるときにはもう一度話しあうことを提案し④自宅退院の検討⑤関係機関への相談を新たに開始することになった．この時期三田さんの預金は入院費と留守宅の家賃の支払いでほぼなくなるころでもあった．年の瀬の押し迫るころ，身体障害者手帳の申請と生活保護の相談を同時に行うために医療ソーシャルワーカーは福祉

事務所へ相談に出向いた．帰りに寄った三田さんのアパート周辺は，聞いていた通り住宅の密集した静かな立地ではあるが繁華街も遠くなく生活に便利な環境である．医療ソーシャルワーカーは三田さんの退院したい，家に帰りたいという気持ちをさらに理解することができた．

自宅退院に向けて

　年が明け，生活保護が開始されると自宅退院の検討と必要な手続きに取り掛かった．書類に住所や名前を書く機会が多くなる．三田さんは字が上手く書類作成はスムーズだった．

　生活保護の担当ワーカー（以下生保ワーカー）の協力を得て介護認定の申請を行い，その後自宅近くの在宅介護支援センター（以下在支センター）へ相談し三田さん，医療ソーシャルワーカー，リハビリスタッフ，生保ワーカー，在支センターで自宅外出を試みた．この際参加したメンバー間で「ひとり暮らしは転ぶ危険がある」と退院に否定的な声と「本人の意思を尊重し失敗覚悟で退院支援をしてもよい」というあい反する意見があった．

　アパートは6畳の和室に台所と洋式トイレの間取りで風呂はない．三田さんは玄関の段差をかかえられてあがり，室内は杖とリハビリスタッフの介助でどうにか歩いてみたものの，日常ひとりで歩くのはとうてい困難であると思われた．しかし病院へ戻る車イスタクシーのなかで三田さんは「もう病院にいるのはこりごりだ」，「住宅改修を大家さんは了解してくれるかなあ」など自宅に戻ることばかりを口にした．医療ソーシャルワーカーが担当医師，看護師へ自宅外出時の状況を報告すると，医師は「自宅退院が最初からダメということではなく，むしろ三田さんの生活基盤が整うことが大切」との見解を示した．まもなく要介護2の認定と身体障害者手帳1級を取得した．

　早春，2回目の自宅外出を行った．当日は三田さんをはじめ生保ワーカー・障害者担当のワーカー（以下障害ワーカー）・在支センター・住宅改修業者・リハビリスタッフ3名・医療ソーシャルワーカーの計9名が現地に集まり，病院での三田さんの状態，住宅改修案，安全な過ごし方，トイレの方法，

ヘルパー，デイケア，緊急時の連絡方法などが話しあわれた．三田さんは「ひとりのときは歩かない，ベッドとポータブルトイレの移動だけにする」と約束し，食事のことはヘルパーに手伝ってもらいたいことを伝えた．近所の人たちが顔を出し「時々は様子を見に行ってあげるよ」と声を掛けてくれた．現地での話しあいの後，皆で三田さんの自宅近くの在宅介護支援センターへ場所を移動しカンファレンスをひらいた．在宅介護支援センターがケアプランを担当，生保ワーカーから家主へ住宅改修の相談，障害ワーカーが障害者手帳の制度利用の調整，医療ソーシャルワーカーが院内調整と退院後の通院先を確保するなど役割を分担し，春を目標に準備が整えば退院できることを確認した．外出経過を受けて病院ではひとり暮らしを想定し，1日3回から2回へ内服を変更し，薬の飲み忘れをなくす練習，トイレ動作の安定など医師・看護師・リハビリスタッフが三田さんとともに取り組んだ．三田さんは自宅退院という具体的な目標ができたことでさらに意欲を見せ，自分で注意するようになり薬を飲む習慣やトイレの動作を身につけた．自宅と病院が離れた地域にあり，関係機関へ三田さんの考えを伝えるために医療ソーシャルワーカーは連絡を密に行った．自宅退院を疑問視する意見は2回の外出と話しあいのなかで次第に解消された．

自宅退院とその後

　春，三田さんは，自宅に退院した．医療ソーシャルワーカーが同行し，現地で生保ワーカー・障害ワーカー・在支センター・住宅改修業者・ヘルパーが迎えた．生保ワーカーが家主に三田さんの希望と住宅改修の相談をしたところすぐに了解してもらえた．三田さんが長年このアパートで家賃の遅れることなく散らかさずに暮らしてきたことが，隣に住む家主の快諾につながった．畳はフローリングになり，玄関には昇降椅子が取り付けられた．三田さんがベッドの高さ，ポータブルトイレの位置を確認．午前と夕方にヘルパーが訪問し，昼にお弁当が届く予定である．話をしながら三田さんは興奮した様子で「ありがとう」，「わかったよ」，「大丈夫」，「お願いします」と笑顔で

こたえた．

　退院から半年後三田さんが病院を訪れた．ゆっくり杖をつき歩いて見せる．外出が好きでひとりで歩いて出かけることがあるという．同行した生保ワーカーによると，言い出したら周囲の意見を聞かないところが悩みではあるもののサービスを利用し，ひとり暮らしを続けているとのことであった．

> **事例 14** 患者夫婦の意思を尊重し，親族や関係機関と連絡・調整を行い退院となった事例
>
> 【疾患名】脳腫瘍（左視床悪性リンパ腫）　70代　男性
> 【要約】放射線治療も終了し退院希望はあるが，ともに認知症状がある高齢夫婦．医療ソーシャルワーカーは在宅療養にむけて問題の把握・評価をおこない，退院後に相談窓口となるケアマネジャーを患者夫婦に紹介．子どもに先立たれた夫婦へ親族の支援をひきだした．退院に際してはケアマネジャーを含む関係者で連絡会を開催するとともに，自宅訪問により援助方針を確認．退院後は在宅介護サービス利用と親族の見守りにより，本人たちの希望する在宅療養を続けることができた．

背　景

　近年，急速な少子高齢化に向けた医療制度改革がすすむ中，ますます急性期病院は在院日数が短縮化されているのが実情である．そのため積極的な治療終了後に，生活背景を配慮することなく，退院になることもしばしば起こり得る．当院では，できるだけそのようなことがない様，退院援助の必要な患者がいると，「患者情報カード（依頼箋）」により，医療ソーシャルワーカーへ相談を依頼するシステムができている．「患者情報カード」とは，医師が病気の経過や処方等医療情報を，また看護師がADLや医療処置等身体情報を記入し，患者の状態がわかる情報シートである．

緊急入院

　島さん（仮名）は，妻と二人暮しである．5月1日の朝，いつも通り散歩に出かけたが，1時間半過ぎても帰ってこないので，妻が探しに行くと路上

で座り込んでいた．反応がおかしいので，すぐに救急車を呼び，そのまま緊急入院となった．画像検査の結果，脳腫瘍が判明．主治医は悪性リンパ腫によるものと疑い，ステロイド投与をおこなった．症状が改善してきたので，さらに5月18日より放射線治療を開始することになった．放射線治療が終了すれば，急性期病院である当院での入院治療は終了し，退院可能になる．

主治医は，本人たちの様子から，このまま退院させることは難しいと考えた．6月1日，主治医から「患者情報カード」の提出と，電話連絡を受けた．「意識はいいが，認知症状あり会話してもつじつま合わない．キーパーソンである妻も，その場の会話は可能だが，すぐに忘れてしまい，同じことを何回も尋ねる．放射線治療は順調にすすめば，6月22日に終了予定．悪性リンパ腫については改善しているが，今後1年以内に再発し，死に至る可能性は高い．現在のADLは，失禁や筋力低下はあるものの，何とか歩行可能である．退院に向けて相談調整して欲しい」とのことであった．

退院に向けて

6月14日，主治医より紹介され，妻（74歳）と妻の弟（71歳）と本人の妹（73歳）の3人が医療福祉相談室へ来室した．現役時代の島さんは船長として活躍していた．経済的な心配は特になく，2人の子どもにも恵まれ，子どもたちはそれぞれ結婚して独立，順調な生活をおくっていた．しかし，長男が1990年に家族を残して自殺，長女も1995年に家族を残し自殺した．その後，残された子どもたちの家族とはほとんど交流がない．頼りにしていた長男の死に本人たちは頼れる者を失ってしまっていた．2年ぐらい前から妻には，物忘れを中心とした認知症状が出現していたので，お金の管理は島さんがおこなっていた．初回面接ではっきりしたのは，本人も妻も，治療終了後は，「うちへ帰りたい．」という思いが強いということだった．自宅へ戻って生活できるかどうか等という不安や問題意識は2人にはない．介護施設の話をしたものの，妻はまったく希望しなかった．在宅療養へ移行できるかどうかは，キーパーソンである弟妹がどこまで協力でき，介護保険でどこ

までカバーできるかにかかっていた．生活費についても通帳が紛失していて現金を引き出せない状況になっていた．弟妹もそれぞれに高齢である．比較的近く住んでいるといっても，車で30分の距離である．妹は無職であったが，弟は，幼稚園を経営していた．

外泊の試み

6月15日，初回面談での評価をもとに，主治医と病棟師長と医療ソーシャルワーカーでカンファレンスを開催．患者夫婦弟妹の思いを伝え，どこで療養していくかは，「実際に外泊した様子から評価するしかない」と医療ソーシャルワーカーから方針を提案．主治医の許可を得て，妹に付き添ってもらい外泊を試みた．

2日間の外泊でわかったことは，①夫婦だけでは薬の管理が難しいこと，②妻には失禁時の後始末ができないこと，③妻が作る料理は，おそばにみそをつけて食べさせようとする不自然なものであったこと等である．妹の感想としては，在宅療養をやっていくにしても，かなり見守り等の支援が必要であり，容易に問題が起こり得るということであった．

妻にも本人と同じ脳神経外科の主治医に受診し，認知症の評価をしてもらうことにした．検査の結果，画像上は特に脳萎縮などあきらかな病巣はなかった．検査結果で少し安心した妻は，家へ帰る準備として，妻自身も介護保険の申請することに了解した．

弟妹の援助を得て在宅へ

その後，2回外泊を経験した結果，弟妹は，「長続きしないかもしれないが，本人たちの意向も強いので，やれるだけ在宅療養を支援する」と決心した．妹は，週に1～2回の定期訪問，弟は当面本人宅に泊り込み，金銭管理の責任を持つと役割分担した．弟妹の意向を受け院内スタッフで再度カンファレンスを行い，在宅療養に向けて調整する方針で一致した．

次に，在宅療養支援してもらうためのケアマネジャーを選出する必要があ

った．病気を理解できフットワークのよい訪問看護ステーションへケアマネジャーを依頼した．6月27日，情報収集のため地域のスタッフ（ケアマネジャー，訪問看護師，ヘルパー）が来院し，看護師長とともに，退院時カンファレンスを開催した．本人，家族と地域のスタッフとの初顔合わせの場となった．

　6月29日，医療ソーシャルワーカーはケアマネジャーとともに家庭訪問をおこない，自宅の状況を評価した．本人に特に麻痺はないが，筋力低下しているので転倒しないよう，手すりの取り付けや使い勝手の悪いトイレのドアの改修をすることにした．業者との調整はケアマネジャーがおこなった．退院後は，ヘルパーが毎日，看護師が週1回訪問というケアプランが作成された．当面は弟も泊り込むことにした．大事なのは，万が一，在宅療養が継続困難になった時は，どうするかを決めておくことであった．その時はケアマネジャーが施設を探すということとし，7月3日に退院となった．

　数週間後，在宅療養に限界を感じた弟はグループホームに入所させることにした．弟妹からは「本人たちの意向を受けて，やれるだけ頑張れてよかった」と納得された表情で状況が聞けた．妻や本人には会えなかったものの，問題なく入所された様子がわかった．現在は，妻や弟妹に付き添われ，施設から順調に外来受診している．

> 事例 15　機関を超えた援助による障害を抱えた
> 　　　　父子の生活の立て直し

【疾患名】意識障害　40代　男性
【要約】患者は知的障害者（2級）で身体障害者（2級）の父と2人暮らし．意識障害で入院となるが，父が姿を消し連絡もとれなくなる．お金も身の回りの品もない状態で，本人は退院を希望するが医療ソーシャルワーカーが関係機関に情報収集し，入院に必要な物を整えて本人の不安を軽減した．その後父親も自宅で脱水で倒れ，その入院先確保も援助．2人の入院中に生活環境を整え，介護支援センター等の援助を受けながら在宅で生活できるよう調整した．

救急車で来院した父と子

　勇次さん（仮名）は，父親と公園を散歩中に倒れて意識混濁となり，救急車で当院に搬送された．来院時は父親も同行していたが，診療中いつのまにかいなくなってしまったため，救急外来の看護師より，勇次さんの通常の状態や生活状況が把握出来ず困っていると医療ソーシャルワーカーに連絡があった．

　搬送してきた消防隊に情報収集を行うと，①足の不自由な父親の車椅子を押しながら公園を散歩している時に垣根に倒れこみ意識を失う，②勇次さんは知的に障害がある（療育手帳所持），③父親と勇次さんの2人で生活している，④父親は「入院しても払う金なんてないからな」，と言っていたことがわかった．また医療ソーシャルワーカーは，消防隊員の「お父さんはひとりで大丈夫なのかな？」という一言が気になった．以上の事から，父親は幾つもの問題を抱えており，倒れた勇次さんと共に病院まで来たものの，医療費の支払い等に対応するつもりはなく，その場から逃げ出してしまったものと想像出来る．医療ソーシャルワーカーは，父親と勇次さんの両者に対する早急な援助の必要性を感じた．

　診療の結果，勇次さんは熱中症による脱水症状により意識障害を起こしており，入院治療が必要と診断された．主治医と医療ソーシャルワーカーで治療方針などを検討し，1週間の入院計画とした．

勇次さんの意識が戻ったところで，入院が必要であると説明すると「お金がない」「帰る」「お父さんは」と言うばかりで，その他の事については「分からない」としか答えられず，家庭状況等について不明なままであった．勇次さんは，入院に大きな不安を感じている様子だったので，入院に関しては医療ソーシャルワーカーが支援していくので何の心配も無い事を丁寧に説明した．勇次さんは医療ソーシャルワーカーの話を真剣な表情で聞いていたが，やがてこちらの意図が伝わったのか，入院する事に同意した．

　そこで医療ソーシャルワーカーは，まず着替えや日用品の用意が必要と考え，病院にストックしてある物の中から勇次さんに適当な物を選んで病室を訪問した．勇次さんはベッドに横になり，ぼんやりと窓の外を見ていたが，「パジャマを用意したので使って下さい．」と声をかけると，不安そうな表情で振り返った．パジャマ等入院生活に必要な物を手渡し，「入院の事も心配いらないし，お父さんの事も大丈夫，私に任せて下さい．今日は安心して休みましょう．」と話すと，「ありがとう」と初めて安堵の表情を見せた．突然1人ぼっちで入院することになり，心細い思いをしていたのだろう．明日の訪問を約束して，部屋を辞した．

"患者ではない"父親への支援

　医療ソーシャルワーカーは，次に父親と連絡を取る必要があると考えたが，連絡先は不明なままだった．勇次さんの病状の説明や入院後のことで相談したい事もあったが，足が不自由で車椅子生活の父親自身の事についても気がかりで，関係機関との連絡調整を開始した．

　勇次さんに知的障害があり，父親は足が不自由で身体障害者手帳を所持していることから，何らかの支援を受けていると考えられた．市の障害福祉課に問い合わせてみたが，その回答は，個人情報保護法によりこの親子については一切答えられないというものであった．医療ソーシャルワーカーは，身の回りを手助けしていた勇次さんの入院で，障害のある父親がどのような状況にあるかわからず，その無事を確認することに緊急性がある事を説明し，

何か起こってからでは遅いと強く訴えた．そして情報提供できないのであれば，家庭訪問も含め早急な対応をしてほしいと要請した．

　翌朝，この父親を担当する地域包括支援センターのケアマネジャーより連絡が入った．そこで得られた情報は，①以前はヘルパー等の支援を受けていたが，現在は父親の希望により何のサービスも受けていない，②家の中は足の踏み場も無いほど物が散乱している，③父親は勇次さんに車椅子を押させ命令的に使っていた，④勇次さんの食事はおかずが無くご飯のみの場合も多い，⑤父親はアルコール依存症的なところがある，⑥父親は足が不自由であり家に入る時も介助が必要，⑦真夏などの日中は市役所や図書館等の涼しい公共施設で過ごし夜に家に帰る生活を繰り返している，⑧障害年金で生活しているが，計画性が無く支給後すぐに使ってしまい生活に困窮することが多い，といったことだった．父親が1人で家に居る事が心配され，医療ソーシャルワーカーは家庭訪問し様子を見てくれるよう依頼した．

　数時間後，ケアマネジャーから再び連絡があった．自宅を訪れ声をかけたが，応答が無いので覗いてみると父親が倒れていた．急いで救急車を要請し，A病院に向かっているところだということだった．室内で転倒した際ストーブのスイッチに触れたため，部屋がサウナのような状態になり，脱水症状を起こして意識不明になっていたようだ．医療ソーシャルワーカーはA病院に連絡し，勇次さんの経過などを伝えて父親の入院を依頼した．A病院には医療ソーシャルワーカーがいないため，今後については父親と勇次さんを含め当方で相談支援していく方針とした．

　その後，A病院より父親が入院したとの連絡が入ったが，その際あと数時間発見が遅れていたら生命の危機に及んでいたと言われ，危険を感じた医療ソーシャルワーカーの訪問要請により，最悪の事態を免れた事に胸を撫で下ろした．個人情報保護法施行後は，情報開示が困難な場面が多くなり，施設・機関の間の連携が困難となる状況があるが，必要性や緊急性に応じた弾力的判断の必要を痛感した．

新たな生活環境の構築へ

　一方勇次さんとは，数日面接を重ねるうち笑顔も見られるようになってきた．当初は「早く帰りたい」というばかりだったが，病院の環境に安心し気持ちが落ち着いたのであろう．退院時には自宅の生活環境を整えて，心配せずに療養出来るよう支援する事を説明し準備を開始した．

　まず医療ソーシャルワーカー，主治医，担当看護師，障害福祉課，地域包括支援センター等でカンファレンスを開き，援助計画を具体化していった．最初に足の踏み場も無い部屋を，療養出来る環境にする必要があったが，父親の強い反対により難航した．しかし医療ソーシャルワーカーやケアマネジャーが粘り強く説明・説得を重ねてようやく納得が得られ，ケアマネジャーやヘルパーの働きで退院までに部屋を整理する事になった．次に中止となっていたヘルパーや障害福祉課の訪問についても同様に説得し，難航したものの最終的に父親が了解して，援助計画に加えていった．また退院日は，父親と勇次さんを同日にすることにし，院内の調整を行って勇次さんの退院を延期した．

　やがて退院日が決まり，医療費の支払いについては，父親は老人医療，勇次さんは高額医療貸付金制度を利用し，自己負担金額を支払い重度身体障害者医療費助成の申請をする事にした．父親と勇次さんは申請手続き等に不安を感じているため，申請の際はケアマネジャーが同行し支援する事とした．退院当日は，ケアマネジャーが自宅で待機し，勇次さんが退院する際にタクシーを利用してA病院を経由し，父親を乗せて自宅へと帰って行った．その後，諸々の申請手続き等も無事終了し，ヘルパーの支援やケアマネジャー等の訪問も継続されて現在まで生活環境は保たれている．

　この事例では，勇次さんの入院を契機に父親の支援も同時に行い，それまでの在宅生活での問題を地域の関係機関と共に解決し，生活環境を整えて在宅復帰へと支援した．医療ソーシャルワーカーのコーディネイト機能と共に，その役割の柔軟性，業務の範囲の広さを改めて実感するものであった．

106　第Ⅱ部　在宅医療ソーシャルワーク実践

事例 16　単身障害者の退院を実現

【疾患名】糖尿病，糖尿病性網膜症，糖尿病性神経障害　50代　女性
【要約】糖尿病と視力障害，神経障害による歩行困難を抱える59歳の単身者がインシュリン自己管理できず意識障害をきたして入院．5万円の家賃収入のみで経済的にもさし迫っていた．在宅再開には課題多く，医療ソーシャルワーカーが本人，同胞，院内外の関係者・機関と相談・連携し，障害年金，身体手帳2級（医療費負担軽減），要介護認定（介護度3），住宅改修，訪問看護・介護，緊急時対応の手配等が進み，本人の不安解消につながり自宅退院．

　糖尿病による視力，神経障害を有する単身女性の在宅療養への援助事例である．入院時，合併症として網膜症，末梢神経障害，歩行困難，血糖コントロール不良による意識障害を有している．家族関係不明，併せて生活費，医療費等経済的問題が予想されることから医療ソーシャルワーカー紹介となった．入院後間もなく意思疎通可能となり，疎遠となっている家族関係や直面する経済的問題への支援を開始．援助の焦点となった在宅復帰へ向けての血糖コントロールや各種サービス利用に関わる経済的不安の解消，疎遠な兄姉との関係修復と地域各機関との協力体制の調整を行いつつ，本人との信頼構築をすすめた．結果，当院在宅ケア事業の訪問診療と看護サービス，他介護事業との連携を行いながら在宅復帰を実現した．

最初の面接——「早く帰りたいの私」

　2005年2月，市内B内科医院を介し，糖尿病性意識障害の佐藤さん（仮名）が当院内科救急入院となる．翌々日，主治医より医療福祉科（医療ソーシャルワーカーの所属する）へ，①家族関係調整，②社会福祉制度活用，③経済的問題等を記載した「ソーシャルワーク依頼書」[1]にてケース紹介があった．備考として，紹介元B医院より「1人暮らし，家族関係不明　たびたび治療中断，糖尿病性網膜症により失明の危険性あり，自宅内で這って生活していた」との情報が付記されていた．入院5日後，体力回復を待って意

思の疎通が可能となった佐藤さんはベッドサイドで「早く帰りたいの私」と医療ソーシャルワーカーに告げ，ポツリポツリと生活状況や家族状況を話すようになった．

佐藤さんの病気と生活のこと――「兄弟に迷惑かけたくないの」

佐藤さんは40代で「糖尿病」の診断を受け通院したが，医療費の不安と病気の理解不足から治療中断．56歳で病状悪化，B内科医院に通院するも再び治療中断．その後，視力，神経障害，低血糖等によるADL[2]低下が顕著になった．今回の入院はアパート隣人の通報によるものである．佐藤さんは代々農家を営む6人兄弟の末子である．中学卒業後東京の食品会社に20年勤め「人間関係に疲れ」離職した．地元に戻り「体が弱く，結婚しない」佐藤さんを心配した父親が，現在住むアパートを購入，管理を佐藤さんに委ねた．しかし老朽アパートの家賃収入は5万円のみで「薬も飲めなくなった」と話す．周囲に友人少なく「買い物を隣人に頼む」以外は人との交流は少ない．「私は人付き合い苦手なの，誤解を受け嫌われるの」，「先生は治療をすすめるけど，兄弟に迷惑かけたくない」と漏らした．

佐藤さんの家族のこと――「妹は頑固で，夢みたいなことを言って」

佐藤さんが頼る肉親は実兄（69歳）と実姉（72歳）である．実兄は，数年前に心筋梗塞で入院，無理は出来ない．実姉は息子夫婦と同居だが，嫁は乳癌で療養中である．今回の入院は兄姉が佐藤さんの様子を見にアパートを訪ねようとした矢先であった．兄姉共息子夫婦に家督を譲り，妹を引き取るのは困難だが，週1回病室を訪ね，身の回りの世話をしたいと話す．「妹は頑固で，昔から夢みたいなことを言って，周囲を困らせたの」と恐縮する．最近，体調不良と生活費のため「三度の食事を減らして，やりくりすれば大丈夫」という佐藤さんを心配し，市の福祉事務所を兄姉が訪ねたが「不動産の売却が先」と言われ，「売れるような物件ではない」と無気力になった佐藤さんと連絡が途絶えていた．

退院に向けて──在宅療養への希望

　主治医の「血糖コントロール良好で網膜症治療と歩行訓練」方針を本人が頑なに拒否し「何もしないなら退院するしかない」と言われた佐藤さんは「死んでもいい，迷惑かけない，退院したい」と周囲を困らせた．病棟からも「同室患者に飴玉をもらい，病識薄い」との報告があった．医療ソーシャルワーカーは佐藤さんの現実感が乏しい言動の背景には経済的負担等これ以上「兄姉に迷惑かけたくない」という背景があると考え病棟に伝えた．同時に自らの治療と退院後の生活に必要な介護や医療費の課題を兄姉同席の上で整理していくための協力を提案した．数回の面談で佐藤さんの言動は，兄姉の「死んだ父さんが悲しむよ」という会話や当院の在宅医療や介護サービスの事例，医療費軽減策を紹介する中で次第に落ち着きを取り戻していった．カンファレンスでは言動の背景と推察される，経済的不安と退院後の生活支援の課題を共有化し，社会資源の活用を働きかけ，希望する「退院」に向け療養病棟を利用しながら準備期間とすることとした．

湧いてきた生活への意欲──「こんな私に有難う」

　身体障害者手帳取得による「重度医療費助成」制度活用は，眼科及び内科で診断書の記載を依頼し2級申請となった．障害年金申請は市役所担当者と兄姉を窓口とし，主治医間との調整をすすめた．医療ソーシャルワーカーは難関であった治療歴証明の取得に，市内数箇所の医院訪問に同行した．診断書記載時，眼科医から「網膜症の光凝固療法で，これ以上悪化させなければ，自宅での生活も楽だよ」との助言を契機に，「こんな私に親切にしてくれて有難う」と主治医の方針を受け止めるようになった．

具体的サービスを利用して──「安心感とリハビリへの意欲」

　療養病棟へ移り，退院までの2か月間は在宅療養への条件整備期間となった．この間，身体障害者手帳2級と障害年金1級，さらに介護保険要介護3の認定が決まった．心配だった医療費は助成対象となり，年金額93万

の支給は，退院後の介護サービスの利用に大きな安心感を与え，リハビリへの意欲も増し，伝い歩き可能となり ADL は向上した．在宅療養の課題は①視力障害によるインシュリン自己注射困難による血糖値管理，②緊急時の対応，③一人暮らしを支える身体，家事全般をどうするか，④慢性疾患の管理と見守り体制，⑤住宅のバリアフリー，⑥本人と介護事業者との連携等であった．①はインシュリン自己注射から錠剤への切り替え，②は当院，NTT，介護事業者，民生委員の連携で緊急通報システム活用，③と④は買い物や家事支援，当院訪問診療・看護サービスの活用，⑤はトイレの洋式化，風呂場改修等，⑥は介護事業者と本人，家族を交えた栄養指導等を行い 6 月退院となった．

退院そして──「やっぱり家が一番」

退院後週 1 回兄と姉が佐藤さんの様子を見に訪れることになった．身体，家事の介護サービスや当院からの月 1 回訪問診療，週 1 回の看護等介護保険限度額一杯のサービスを活用して在宅療養が行われた．退院前に本人とヘルパーさんに栄養指導が行われたこともあり比較的血糖値は安定していた．医療ソーシャルワーカーの訪問時も「元気だよ，やっぱり家が一番」と明るく話す佐藤さん．夏場には一時体調を崩し，気弱になった佐藤さんと家族の相談を受けて，市内老人保健施設の利用を模索した．希望の施設を家族と共に車で見学し，「体力が無くなったらこの施設に入りたいわ」，「施設を申し込んだので安心した」と話していた．しかし半年後，脳梗塞発症，ヘルパー通報により救急入院，意識不明のまま死亡した．

注
1) 当院「医療福祉科 MSW」の相談介入は各主治医，病棟師長名による「ソーシャルワーク依頼書」（A4 版複写式）により開始される．相談経過や結果については報告書にてカルテ添付となる．
2) 「Activities of Daily Living」の略，食事，排泄，着脱衣，入浴，移動など，日常生活に必要な基本動作すべてを指す．高齢者の身体活動能力や

障害の程度をはかるための重要な指標となっている．

> **事例 17** 在宅への退院に向けて揺れ動く患者の気持ちを
> 支え退院実現
>
> 【疾患名】両眼視神経萎縮，C型肝炎，二次性糖尿病　30代　男性
> 【要約】両眼ほぼ失明した患者は，在宅療養を希望しながらも不安が強く，転院を希望したり，リハビリを拒否したりと気持ちの揺れが大きかった．また入院中に父を亡くしうつ状態にも陥り，医療ソーシャルワーカーは面接を重ねて患者の自己決定を促し精神面の支えも行った．在宅への退院が決定され，医療ソーシャルワーカーは生活保護担当者と連絡を取りながら在宅サービスの調整を進めた．さらに妹との関係を修復してその協力を得，退院を実現し見守りを続けている．

事例概要

大木氏（仮名）M市生活保護受給者，住所不定

① 初回入院（H15.12.29〜H16.6.7）他県の病院から転院，入院時からの退院調整
② 2回目の入院（H17.9.15〜H17.12.22）在宅への退院調整のため再入院

初回入院時——転院援助及びキーパーソンの確定

他県Y市にある病院から大木氏が37歳のとき当院内科へ転院．入院していた幾つかの病院で何らかのトラブルを起こし，近隣の病院には転院先がなく当院に転入院となった．本人は24歳から現在までの長期間ステロイド療法のせいか無気力であった．すべての合併症が増悪している状態であり，うつ状態，不眠症，食事拒否，プレドニン依存症など治療以前の問題も多かった．主治医よりステロイド療法を当院入院中に完全に止める目標が示され，当院には約半年間入院することとなった．

〈病状経過〉

　24歳のとき劇症肝炎発症．両眼球後視神経炎発症し両眼視神経萎縮，ステロイド療法継続により二次性糖尿病発症．30歳のとき心室中隔欠損手術．右下腿粉砕骨折手術を行う．その後腰椎圧迫骨折，糖尿病性末梢神経障害にて歩行困難となり，車椅子状態となる．既に視覚障害1種1級（視力右0.01左0）は取得しており，失明の可能性，骨粗鬆症悪化に伴うADL低下等，今後のことで不安が増大していた．

〈家族背景〉

　両親は大木氏が15歳のときに離婚．母親の異なる兄弟が合わせて8名いるが，現在は交流なく，父親と親戚数名の連絡先は分かるといった状況であった．内縁の妻との間に成人に近い息子が1人いるが，別居後はまったく会っていない．

〈当面の目標〉

① 　大木氏が精神科受診をした際，医師より「うつ状態ではなく，転院のこと，今後の不安により，病気をつくろうとする行動に出ている」と診断されている．大木氏の病状に対する不安が強く転院希望となったため，医師からは転院という基本方針は変えずにむしろ期限を切って準備ができるよう援助していくことが提案された．入院中，大木氏の思いを受容する面接を度々実施．スタッフ間で連携をとり，信頼関係も少しずつ構築していき，大木氏が自分の意志を表出しやすい雰囲気作りに励んだ．その上で，具体的な転院先の選択についても，面接をすすめていった．

② 　転院に向けて，キーパーソンが不在であったことが1つの気になる点であったが，実父と連絡をとることができた．「父親にはいい思いなど持っていない」と言い切っていた大木氏であったが，転院前に父親が大木氏の見舞いへ来た際の，大木氏が子どもに戻ってしまったような表情みられ，印象的であった．父親が隣県に住んでいることも判明し，父親からは，転院後は在宅療養の準備期間も含めて父親の自宅近くの病院へ転院し，その後一緒に暮らそうとの提案なされた．

転院先から当院の眼科への通院

転院先の病院に入院中，キーパーソンとなった父親が心筋梗塞のため救急入院し，意識不明の重症となる．大木氏は転院後も当院の眼科受診のため月1回来院，その都度医療ソーシャルワーカーに近況を報告してくれていた．

〈当面の目標とサブゴール〉

① 医療ソーシャルワーカーは転院先の病院の医療ソーシャルワーカーも含めて退院後について協議した．視覚障害者リハビリテーション施設への入所を検討し，見学にも行ったが，施設での「自分のことは自分でする」といった基本姿勢に対して，強い抵抗姿勢を示した．

② このころより，大木氏からは独居生活の希望が出始めた．そこで，視覚障害者のための眼科的リハビリを実施している病院に現在入院中の病院から短期間転院し，訓練終了後は，再度，当院にて入院して在宅療養へ向けての調整をしていくことを本人と医療ソーシャルワーカーの方針とした．

③ 平成16年6月7日，眼科的リハビリ目的にて，当院に近いB病院に転院．

2回目の入院──在宅退院援助

当院へ再度転院してきた当初は，専門リハビリ病院での訓練効果や自分のADLゴールも明らかになり，在宅療養についても前向きな姿勢を示していた．しかしながら，当院へ再転入院から1か月くらい経ってから前回入院時と同様に「病気をつくっていく」行動や，今後の方針を決定していく内容の面接となると，話をそらすようになってきた．「生活保護担当者が『本当に帰れるのか』と発言したことも帰る意欲低下になった」など，多少被害者意識が強くなるとともに，今後の方針も結局決められない自分自身に腹を立てている様子も見受けられた．また，医師の治療方針に対する反発や，看護師への暴言などが見られるようになった．特に，リハビリについては，転院後すぐに歩行器を使い約60メートルの歩行が可能となり，立ち上がりも自

立したが，その直後からリハビリを休むようになった．長い入院生活を終えて在宅療養したい気持ちと障害を抱えている不安とが入り混じった言動があり，医療ソーシャルワーカーとしては，自己決定できるよう，当初の方針を崩さないように連携体制を構築し，医療ソーシャルワーカー援助計画を再度検討していくこととした．

① 大木氏外出時（銀行やタバコ購入など）には医療ソーシャルワーカーが同行し，行き帰りの会話の中で大木氏の本音の部分を引き出し，感情表出も可能となるよう心がけた．

② 生活保護担当者と大木氏を囲んで面接実施．独居生活をする地域を，当院近くのK市にするか以前に住んでいて妹も暮らしているY市にするか検討し，大木氏が最終的には選択できる方向とした．結論としては，K市であれば土地勘もついてきており，緊急の際にも相談可能な関係機関も多いため，K市に住まいを探すことを選択した．

③ 大木氏の一番の支えとなる妹は母子家庭でもあり，日々の子育てと仕事に追われ，父親も病床にあり，大木氏が退院後いつでも自宅訪問できるわけではないとの話もあった．医療ソーシャルワーカーは月1回ほどしか見舞いに来る時間のない妹に対し，大木氏の思いや不安などや，医療ソーシャルワーカー援助の進捗状況なども含めて，電話で連絡を取り合い，家族として最低限の協力を依頼した．

④ 揺れ動く大木氏の気持ちを最終的にまとめるため，本人の自己決定を促すことを目標として大木氏を含めた関係スタッフカンファレンスを実施した（生活保護担当者も参加）．大木氏がぶつけてくると予想される感情を参加スタッフ一同で受けとめる体制を事前につくり，病院スタッフ側や生活保護担当者が在宅療養を押しつけているのではなく，大木氏自身がどのような生活をしていきたいのか決める権限があることを再認識してもらえるように会議を運営した．その結果「1人で生活してみる」という本人の意思を確認．リハビリも再開し，妹との連絡調整や物件探しなどの準備を本格的にスタートした．あわせて身体障害者手帳肢体不

自由1種5級（両側股及び足関節可動制限）取得手続きも進めていった．
⑤　カンファレンス後，Y市生活保護担当者が遠方であり，K市での物件探しが困難なため，医療ソーシャルワーカーが主となり援助をした．大変理解のある不動産業者との出会いもあり，契約についても業者の配慮により，賃貸保証システムを利用し，妹が保証人になることは不要となった．医療ソーシャルワーカーは物件内見にも数回同行し，契約にも同席した．
⑥　退院前には，K市障害福祉課担当者，支援費制度によるヘルパー業者と大木氏を囲んで具体的なサービス調整を実施した．また，事前に医療ソーシャルワーカーは大木氏のこれまでの経過等について説明．特にヘルパー担当者については，大木氏の感情をも受けとめてくれるような人の選出を依頼した．入居当日は手すり設置のため住宅改修業者も同席した．各担当者の密な対応に対し，大木氏も満足な様子であった．そして大木氏自身の口から，病気のことも前向きに捉えた．自分なりに努力し，何とかやっていきたいとの発言もあった．
⑦　平成17年12月22日，在宅退院（独居）へ．生活保護はY市からK市へ移管．

人は迷いながら「自己決定」をしていくものである．医療ソーシャルワーカーとして，大木氏の気持ちの揺れ動きを的確に捉えるため，信頼関係を構築し，「本音の感情表出」につながるような関わりを常に心がけた．援助する中で，その時点で本人が「最良」と考える選択をしていくことに重点を置いてすすめたケースである．

事例18　日常生活の支援を通して退院へ

【疾患名】てんかん　50代　男性
【要約】てんかんにて通院していたが，服薬管理が充分できず精神科に任意入院となっていた．金銭トラブルにて兄弟の支援も受けられず，友人や近所からも借金あり．訪問介護や訪問看護など関係機関を含めたカンファレンスにて，退院後の日常生活の支援体制を組むとともに，金銭管理が最重要課題であることを確認した．生活保護を受けているが，必要経費さえパチンコなどで消費してしまうため，地域福祉権利擁護事業[1]を活用することとし退院とした．

入院相談からの関わり

　栗栖さん（仮名）は，持ち家に1人で暮らしており，てんかんのため2週間に1度，当院の精神科に通院していた．しかし，てんかん発作を繰り返し，自宅で転倒しては怪我をするようになった．利用していたA訪問看護ステーションから当院へ入院相談があり，医療ソーシャルワーカーが関わることとなった．最初，栗栖さんは入院に乗り気ではなかったが，怪我が増えていくことに不安を感じ，入院することとなった．

　入院当初の課題は療養生活を整えることだった．兄弟がいるようだが，普段行き来がなく頼れなかったため，療養に必要な物を揃えること，留守中の自宅の管理などが挙げられた．所持金はほとんど無い上に借金があり，病院に借金返済の電話がかかってくるようになっていた．

入院中の課題の整理

　栗栖さんは兄弟との間に金銭トラブルがあり，兄弟からは「一切関わりたくない」との返事があった．そのため自宅の管理や入院費の支払いなど頼むことは出来なかった．栗栖さんは医療ソーシャルワーカーに，借金返済の電話がかかってくることの不安，お金がないことの不安，自宅がどうなっているかの心配の他，思い通りにならない入院生活の不満を訴えた．医療ソーシャルワーカーは訴えを聞き，今までの生活の様子を尋ねながら共に課題を整

理し，今後どうするかを話し合った．

　借金については，複数ある事が分かるも事実確認の必要があったことから司法書士に介入を依頼することにした．返済の電話については病状に関わるため，病棟カンファレンスで話し合い本人への対応を統一することと電話の窓口を医療ソーシャルワーカーに一本化することに決めた．

　入院費については，障害年金を受給中だったこともあり年金が入るのを待つことにした．しかし栗栖さんはこれまで年金が入るとギャンブルに使い，生活費がなくなった結果，借金を重ねてきたことから，地域福祉権利擁護事業の活用を提案した．そして，実際に利用できるまでは支払うべき金額と自由に使える金額を確認し，通帳からの引き出しや入院費の支払いなど，入院中の金銭管理を医療ソーシャルワーカーと共に行うこととした．

　また，栗栖さんは「家の様子を見に帰りたい」「大切な物を取りに帰りたい」と帰宅を希望していた．入院から2か月後外出許可が出た際に医療ソーシャルワーカーが帰宅に同行し，心配していた家の様子を確認したことで安心につながった．またこの時，光熱水費の滞納も分かり，支払いについて話し合った．

　入院中，栗栖さんは相談室をたびたび訪れ，不安，不満などを訴えた．医療ソーシャルワーカーはその訴えを受け止めることが必要と考え，共にその時々の課題を整理し解決を図った．

退院への課題の整理

　入院から約3か月後，主治医より栗栖さんに「病状が落ち着いてきたため退院可能」と説明があった．本人は自宅退院を希望しており，自宅への退院に向けて調整を行った．自宅で生活する上で心配なこととして服薬管理があった．いつ飲んだか分からなくなるため，栗栖さん自身，「毎日誰かが来て教えて欲しい」と希望を言われた．

　これまで栗栖さんは日常生活の身の回りの支援に，訪問看護とホームヘルプサービスを利用していた．そこでA訪問看護ステーションとB訪問介護

事業所とに退院に向けてのカンファレンスに入ってもらうことにした．

　カンファレンスで訪問回数の増加や服薬の確認については決定したが，以前 B 訪問介護事業所の食材費を払えなかったことや近所とも金銭トラブルがあったことから，「金銭管理について解決してから退院して欲しい」との要望が双方の事業所から出た．また，このカンファレンスで医療ソーシャルワーカーが関わる以前に地域福祉権利擁護事業を申請したが利用に結びつかなかったことも分かった．

　その後栗栖さんとカンファレンスを振り返り，改めて金銭管理の課題について話し合った．その結果，栗栖さんは「お金が入ると入った分だけすぐ使ってしまう．必要な金額を引いてもらって，残りを週に 1 度ずつ分けてもらえればなんとかなるかもしれない」と話をされ，地域福祉権利擁護事業の利用申請を行うこととした．

　さらに，これまで栗栖さんの金銭管理状態をよく知る，生活保護のケースワーカーに事業を利用することの必要性を伝え，ケースワーカーを通じて事業の担当者に連絡相談を依頼し，契約のための面接の結果，退院日に自宅で利用契約を行うこととなった．

　医療ソーシャルワーカーは，退院日の契約に同席し，栗栖さんを支援する事業所の顔合わせと退院後の各事業所の役割分担を本人と以下のように確認した．

　日常生活での身の回りのことは A 訪問看護ステーションと B 訪問介護事業所が担当し，医療に関することは当院と連携を取ることとした．金銭管理は C 社会福祉協議会が担当，借金問題については司法書士と医療ソーシャルワーカーが関わり，共に訪問できる体制をとった．この他，必要に応じて関係者が連携を取って栗栖さんを支援していくことを伝えた．また民生委員に本人と挨拶に行き，何かあったときの窓口として，医療ソーシャルワーカーがいること伝えた．

今後の課題

　栗栖さんは退院後も何度か調子を崩して入院を繰り返しているが，在宅中は近所の方や民生委員が様子を見に来たり，また栗栖さん自身も当院の通院日に相談室に寄って相談や話をしに来るなど，なんとか地域での生活を送っている．

　今回の入院で栗栖さんは生活の支援体制が確立された事で退院したが，栗栖さんと兄弟との関係が修復し得るものなのか，十分に関わることができず，そのままとなっているのが，今後の課題である．

　さらに医療ソーシャルワーカーとしては現在も，栗栖さんと関係機関との調整をしているが，地域には作業所など他の社会資源が少なく，本人が通えるところがない．また，市町村合併で地域の保健師が中心部へ一斉に異動となったことで身近な相談機関が減ってしまっており，栗栖さんを支えるネットワークは必要最低限であって，十分ではない．そのため今後の日常生活を支えるサポートネットワークの構築が必要であると考えている．

　　　注
　　1) 社会福祉法第2条第3項6号に位置づけられた第二種社会福祉事業で，判断能力が不十分な人に対して，その本人と地域福祉権利擁護事業者との契約により，福祉サービスの利用に必要な手続き，利用料の支払い，苦情対応制度利用の手続きなどを，助言，相談，代行，一部代理等の方法により援助することの他，日常的金銭管理サービス，書類等預かりサービスを行っている．

事例 19 公的サービスに該当しない末期患者への在宅支援

【疾患名】左進行性乳癌　50代　女性
【要約】高度進行性乳癌で予後不良のため，経済的負担を抑え家族の近くで過ごしたいと緩和療法のみ選択した患者に，医療ソーシャルワーカーは在宅での療養準備を援助した．介護保険，支援費等の制度に該当しないため，利用できる医療・福祉サービスを確認し，患者，家族と関係機関とのカンファレンスにより退院後の生活を具体的に検討した．さらに患者と家族の疑問，不安に丁寧に対応し，安心して自宅にもどれるよう配慮した．患者は無事退院し1週間後に死亡．

孤独な患者の思い

　栄子さん（仮名）は，左進行乳癌により外科に入院した．単身世帯で，別居の長男，長女（既婚），次男がいる．主治医より，栄子さんの在宅療養の準備について依頼があり，医療ソーシャルワーカーは本人と面接を行うことになった．栄子さんは初めての入院で，治療に対する不安も大きいと考えられたので，医療面の質問に応えるため看護師が同席することとした．

　栄子さんは最初に，進行する病気に気づきながらなぜ病院に受診しなかったのか，その理由を辛そうに語った．早く診てもらいたい，このままにしていてはいけないと思ってはいたが，ただならぬ症状から病名を告知されることに大きな不安があった．また現在1人暮らしで，仕事も出来ず，別居している子供たちから経済的な援助を受けており，これ以上の負担はかけられないという気持ちもあったという．そんな苦悩の中，不眠や食欲不振に苦しみ，いっそ死んでしまおうかと思うこともあったと深い溜息をついた．医療ソーシャルワーカーは，1人で悩み続けてきた栄子さんのつらさを深く受けとめ，今後の支援にあたっては，その感情を丁寧に受容していくことが必要と判断した．

　心配の1つである医療費の問題については，貸付制度や分割払い等の方法があることを説明すると，栄子さんは「よくわかりました」と納得し，安堵の表情をみせた．また栄子さんは，少し病状が落ち着いたら自宅にもどり

たい，できるだけ自宅で過ごしたいという強い希望をもっていた．医療ソーシャルワーカーは，保健・医療・福祉の様々なサービスを利用して在宅での療養が可能なこと，そして栄子さんが生きる意欲をずっと持ち続けられるよう，一緒にその準備をしていくことを伝えた．栄子さんは医療ソーシャルワーカーの説明を真剣に聴いていたが，「是非よろしくお願いします」と支援を受けることを承諾した．

家族へのはたらきかけ

その後医療ソーシャルワーカーは，栄子さんの在宅での療養について家族と面接し，説明を行った．入院治療が当然と考えていた家族は，栄子さんの症状の重さや，昼間は1人になってしまう環境で，「なぜ在宅が可能なのか」と憤って興奮した様子をみせた．医療ソーシャルワーカーは，"限られた生命"を住み慣れた"我が家"で過ごしたいと望む栄子さんの思いを本人に代わって伝えることにした．栄子さんは夫と死別後，1人で3人の子供を育ててきたが，苦労の多い生活の中で小さな喜びを大切に過ごしてきたのが"我が家"であり，そこで暮らし続けたいという強い思いをもっている．自分の帰りを待つ犬のことも気がかりである．さらに，栄子さんには家族に対して遠慮があり，これまでほんとうの気持ちを直接伝えられなかったことも……．

医療ソーシャルワーカーが栄子さんの気持ちを丁寧に説明したことで，家族は初めて母親のほんとうの思いを理解した．そして「それなら母の希望を叶えてあげたい」と，栄子さんの気持ちを受け入れたのだった．

家族の理解は得られたが，栄子さんの症状は重く，できるだけ早期に支援体制を整えないと退院の機会を失う恐れがあった．そこで医療ソーシャルワーカーは，院内スタッフの役割を明確にし，また在宅での保健・医療・福祉の各種サービス利用の準備を急ぐことにした．

しかし，そこでまた問題が起こった．キーパーソンである同居予定の次男は仕事が多忙で，面接する時間はまったくないという．退院に向けての話し

合いに参加を要請したが,「多忙で出席できない,今後もいつ参加できるか約束はできない」という返事であった.この言動によって,医師や看護師には,非協力的な家族という誤解を与えることになってしまった.そこで医療ソーシャルワーカーは,次男の都合に合わせて時間外に面接を行い,栄子さんは末期がんのため,自宅に帰る時期が非常に重要となること,病院のスタッフは皆その限られた時間をよりよいものにしたいと考えており,そのための準備を早急にしたいのだと説明した.そして栄子さんの希望どおりの生活のためには,何より家族の協力が欠かせないのだと話すと,次男は納得し,できるだけのことをすると言ってくれた.

こうした事情に理解を得るための,院内のスタッフへのはたらきかけも医療ソーシャルワーカーの仕事であった.スタッフの専門性を尊重しながら丁寧な調整を行い,患者・家族との関係を良好なものにしていくことは,医療ソーシャルワーカーの大きな役割である.

行政へのはたらきかけ

退院準備を進めるうち,医療ソーシャルワーカーはまた新たな問題にぶつかった.栄子さんの居住する市では,ホームヘルプサービスや配食サービスといった在宅サービスは,65歳以上の高齢者が対象とされており,まだ若い栄子さんはその利用が叶わなかった.しかし医療ソーシャルワーカーはあきらめず,市の担当者や責任者に繰り返しその必要性を訴え,年齢や病名だけで判断せずそのサービスをほんとうに必要としている患者を支える制度であってほしいと,粘り強く協議を重ねた.

やがて医療ソーシャルワーカーの熱意が伝わったのか,市の担当者にもその必要性が認められ,栄子さんは在宅サービスが利用できることになった.サービスを必要としながら,その枠外にある人たちに対しては,適用を拡大するための交渉を,医療ソーシャルワーカーが患者に代わって行うことが重要である.医療ソーシャルワーカーには制度の不備を是正し,また新たなサービスを創りだすことも大切な役割であると実感される経験であった.

栄子さんは入院後約2か月を経過したが，腫瘍の自潰（破裂）と多量の浸出液の強い異臭のため，個室で生活を余儀なくされることになった．そこで孤独を訴えられたので，医療ソーシャルワーカーは頻繁に病室を訪れて面接を行った．その内容は，闘病生活のつらさや肉体的な苦痛を訴えるものではなく，現在までの人生を整理するように，生い立ちから学生時代，結婚，出産，子供の成長，配偶者との別離，孫の誕生等々を，昨日の出来事を語るように生き生きと，あるときは涙を流して語り続けた．医療ソーシャルワーカーは，その一言一句に心をこめて耳を傾けた．栄子さんは担当が自分と同じ世代の医療ソーシャルワーカーだったことで，自分の思いをほんとうに良く理解してくれたと満足し，話し終えると安心した笑顔を見せた．

医療ソーシャルワーカーは，こうした栄子さんの様子から，在宅での生活でも同様に，栄子さんの話を丁寧に聴くことのできる存在が必要であると考え，担当のヘルパーには栄子さんの思いをよく聴き，受けとめることも役割として要請することにした．

自宅退院の実現へ

医療ソーシャルワーカーがこれまでの支援にあたって考慮してきたのは，栄子さんが在宅で安心して"自分らしく生きる"ことについてだった．それにはまず，生命の質を守ること，すなわち往診医の確保や救急指定病院での入院受け入れの保障と，栄子さんと家族が希望する場所で死を迎えることである．在宅では往診医に，病院では担当医に，最後まで責任をもって診ると快く承諾を得た．次に生活の質を高めるため，患者の希望に合ったオーダーメイドのサービスの提供を検討する必要がある．生活や医療全般の相談のため，保健師の訪問や訪問看護，ヘルパーの派遣を準備した．ヘルパーは，家事援助や身体介護業務だけでなく，栄子さんの話を聴きその思いを受けとめる役割も担う存在として，特に同年代のヘルパーの派遣を依頼し確保した．

こうした退院準備の一方で，医療ソーシャルワーカーは栄子さんの孤独を癒すため，休日には頻繁に面会することを家族に依頼した．親族や友人の訪

問をいつも楽しみしており，また孫の成長を何より喜んでいた栄子さんは，この面会をことの他喜んだ．

そして準備が整うのを待ちかねていた栄子さんは，医師，看護師，薬剤師等，多くのスタッフに見送られ，晴れやかな表情で自宅へと退院していった．そして望みどおりに，最後の大切な時間を心穏やかに暮らしたのだった．

> **事例 20** 胸腰椎圧迫骨折後の独居高齢者への退院支援
>
> 【疾患名】胸腰椎圧迫骨折　80代　女性
> 【要約】本人は骨折後，一軒家に独居であったため退院に対する不安を抱いていた．親切な友人はいるが，近所住民より退院への不安の声があった．医療ソーシャルワーカーは，本人の不安を傾聴し，友人への心理的サポートを行った．退院に向けて，院内スタッフと服薬管理や本人のADLが拡張するリハビリや看護が実施できるように院内調整をする一方で，カンファレンスや住宅改修，関係者へ情報提供の実施，地域住民に退院への理解の呼びかけ等を行った．

富口さん（仮名）は，一軒家（借家）にて生活保護を受給しながら1人暮らしをしていたが，脱水症と低栄養状態にて2005年7月に当院内科に入院した．入院中に腰痛を強く訴えたため整形外科にて精査した結果，胸腰椎圧迫骨折と診断され，8月に整形外科病棟へ転科転棟した．

その後すぐに整形外科病棟師長より，退院援助の依頼があった．数日後，富口さんの友人である太田さん（仮名）より病棟看護師へ退院後の生活について相談があり，医療ソーシャルワーカーと友人との面談に至った．

2005年10月3日

医療ソーシャルワーカーは太田さんと面談を行った．太田さんは，申し訳なさそうな面持ちで話し始めた．それは，富口さんが当院を退院する際に入所できる施設を探してほしいという内容であった．

太田さんと富口さんとは長く友人関係にあり，太田さんは生活面で診察に

付き添ったり，掃除や買い物を手伝ったりなどの支援を行ってきた．しかし今回の入院を機に「夜間1人で倒れていたら心配だ．火事を出すのではと思うと不安だから，施設に入れた方がよいのではないか．」等の地域住民の声が，太田さんの耳に届くようになった．太田さん自身も高齢である為，今後も富口さんへの生活面の支援を続ける自信がないという．だが太田さんの本心は，富口さんには出来る限り自宅で生活してほしいし，自分は今後も出来るだけの支援を行いたいというものであった．医療ソーシャルワーカーは太田さんの揺れ動く気持ちを最後まで丁寧に聴き，本人の気持ちと主治医の治療方針を確認しながら，今後の援助計画を立てていくことを約束して面談を終了した．

2005年10月4日

　医療ソーシャルワーカーは病室を訪問し，治療用の硬いコルセットを装着した富口さんと面談した．富口さんは，痛みが強いからと横になったままで，太田さんのことを「本当によいお友達．退院後も，生活面のすべてを彼女にお任せしたいわ．でも寝食を共にしてくれるわけではないし，これから冬場に向かうし，夜間に転倒してしまうのではないかと考えると，とても不安だわ．」と話した．医療ソーシャルワーカーにはその言葉が少し依存的に聞こえたが，否定することなく最後まで聴いた．

　富口さんは身寄りがなく，国民年金もわずかであるため生活保護を受けていることを話し，可能な限り自宅で生活したいと考えていた．しかし将来1人暮らしが不可能になったときのことを心配し，「お金がないから，入所できる施設もないのでは．」と不安な気持ちを打ち明けた．医療ソーシャルワーカーが主治医に入院治療の期間について尋ねたところ，富口さんが1人暮らしで身寄りもないことを理解した上で，硬いコルセットを装着している間は入院療養を継続する方針であるとのことだった．

2005年10月5日

　医療ソーシャルワーカーは市役所社会福祉課の生活保護担当者と面談した．これまでの経過を話し，今後の富口さんの生活の場について検討した．担当者は，当院退院時は自宅へ退院したとしても，将来的に独居が困難になれば施設入所を検討せざるを得ない．市内にあるケアハウスへ入居することが望ましいのではないかと，考えていた．しかしケアハウス入居は，現在本人が希望していないうえ，長期間の待機が予想された．医療ソーシャルワーカーは本人を中心に，生活保護担当者と入院前より担当していたケアマネジャー，太田さんに来院してもらい，カンファレンスを開催することとした．

　院内においては，理学療法士にADLがどの程度拡張するかを確認し，病棟看護師にはリハビリで獲得したADLが病棟内でも継続できるよう，スタッフカンファレンスで提案した．薬剤師には自宅での内服薬の管理方法について，本人と一緒に検討することを依頼した．カンファレンスまでの間，医療ソーシャルワーカーはこまめに病室を訪ね面談を重ねて，富口さんが自分の思いを皆の前で話すことが出来るよう，心理的サポートに努めた．

2005年10月27日

　カンファレンス開催当日，見知らぬ男性が「富口さんのことで話がある」と，突然相談室を訪ねてきた．医療ソーシャルワーカーが部屋に通して話を聞くと，その地域を担当する民生委員だという．以前から，衰えの目立つ富口さんが1人暮らしを続けることを心配する地域住民から相談を受けており，ぜひ施設に入所させるべきだと訴えた．医療ソーシャルワーカーは，退院後の生活については，本日関係者が集まって検討する予定であることを伝え，退院先は富口さん自身が決めることであり，在宅で生活する場合には各種サービスを利用するなどして，近隣の方々に心配をかけることのないよう配慮して支援することを説明した．

　その後行われたカンファレンスには，院内のスタッフはじめ，多くの関係者が参加していた．大勢を前にして，富口さんは緊張した面持ちであったが，

医療ソーシャルワーカーは「皆，富口さんのこれからのことを考えるために集まってくれたのだから，心配いりませんよ」と声をかけ，落ち着いて自分の気持ちを話すよう促した．そこで富口さんは顔を上げると，「私は，もうしばらくの間，自分の家で生活したいと思っています」と，しっかりと自分の考えを述べた．

さらにケアマネジャーが，これまで太田さんに頼っていた生活の場面を評価して作成したケアプランの案を示し，太田さんの支援を受けながらもその負担が軽減できるよう，提案した．生活保護担当者からは，本人の経済的な不安を取り除くため，生活保護を受給していてもケアハウスへの入居が可能であることを説明した．落ち着いて話を聞いていた富口さんは，最終的にケアハウスの入居申し込みを行い，順番がくるまでは自宅で生活することを決心した．富口さんは自宅へ帰ることが可能になったと喜ぶと共に，これからは太田さんに頼るばかりでなく自分で出来ることは自分でするように心がけたいと，話した．

カンファレンスでは，住宅環境についても検討し便所を和式から洋式に改修する必要があることや，手すりの取り付けが必要である箇所が確認できた．最後に退院までの間に住宅改修が施工できるように，関係機関が連携をとることを目標として終了した．

医療ソーシャルワーカーは民生委員に連絡をとり，カンファレンスの結果を伝えた．十分な準備のうえで自宅退院し，施設入所までの期間を在宅サービスを利用しながら暮らすという結論に，民生委員も納得し，地域住民にも了解してもらうよう自分から説明すると約束した．

また富口さんは，自分の意見をはっきり言葉にしたことで，これ以後自立へ向けた前向きな発言が増え，退院の準備にも積極的な姿勢をみせるようになった．

2005年11月16日

硬いコルセットから軟らかいコルセットへと変わり，主治医から退院の許

可が出た．住宅改修も終了し，福祉用具の搬入が行われて住環境が整った．

医療ソーシャルワーカーは主治医をはじめとする院内スタッフと，前回カンファレンスに参加した関係機関にもはたらきかけ，退院前カンファレンスを開いた．ここには在宅サービス事業所の担当者も出席し，サービス提供上留意するべき事項などの最終確認を行った．やがてすべての準備が整い退院日が決まると，富口さんは「家で生活することで，太田さんとのつながりが保てることが一番の幸せ．本当に嬉しいわ．」と，満足した表情で医療ソーシャルワーカーに気持ちを語った．

2005年11月20日

太田さんの迎えで富口さんは自宅へと退院した．退院後，整形外科の外来受診の折に医療相談室に立ち寄り，自宅での生活はとても順調であると医療ソーシャルワーカーに笑顔を見せた．その笑顔が医療ソーシャルワーカーにとって，一番の幸せだった．

事例 21　介護保険制度及び身体障害者福祉制度対象とならない患者への退院支援

【疾患名】全身性エリテマトーデス　40代　女性
【要約】急性期病院より転院してきた難病患者．退院後の生活について，本人，家族ともに不安を抱えていたため，難病患者等居宅生活支援事業を利用を提案．関係スタッフとも度々カンファレンスを行い退院にむけて調整した．また，家屋調査に際して保健師や大家にも同席を求め，現状を把握してもらい退院後のサポート体制についても調整した．

生活背景

大山（仮名）さんは，13歳の時に全身性エリテマトーデス（特定疾患）を発症し，それ以来入退院を繰り返していた．30歳で結婚したが，38歳の時に夫が病死し，現在は生活保護を受給しながら，アパートで1人暮らしを

している．近所に70歳代の母親が住んでおり，母親も生活保護を受給しながら生活している．

入院当初の大山さんの様子

　大山さんは数か月前より，左下肢のしびれと痛みを自覚していたが，なんとか歩くことができたのでずっとがまんしていた．ある日，痛みががまんできなくなり動けなくなったことから，W病院を受診したところ，精査と痛みのコントロールの目的で専門科のあるX病院入院となった．内服薬の調整により，左下肢のしびれと痛みの軽減はされたものの，X病院から直接自宅へ退院するには不安を残した．そのため在宅生活を目指し，ADL（日常生活動作）の拡大と環境調整を目的に，リハビリテーション病院である当院に転院となった．

　入院当初の大山さんは，体調の良い日には杖で歩けたが，筋力や体力がないため長い距離を歩くことができず，車いすを利用していた．足の痛みが強いときには，立つことさえもできない状態だった．リハビリテーションに対する意欲は高く，自宅での生活を目指して，積極的に訓練に取り組んでいた．しかしその一方で，身の回りのことは何とかできても，一人で入浴ができるだろうか，買い物や風呂掃除などは，母親に負担をかけることになるのではないかと心配していた．母親は，卵巣がんの術後で体調不良のことが多く，母親自身もできることはしてやりたいと思いながらも，負担に感じている様子であった．

カンファレンス

　入院後，足の痛みが強く歩くことができない日はあるが，リハビリテーションと足底板装具使用の効果により左下肢の痛みは軽減し，歩く距離も拡大した．そのため，大山さん，母親，主治医，病棟師長，担当作業療法士と共にカンファレンスを行ない，実際に自宅へ帰るための検討を行なった．大山さんは，40歳から65歳未満の人が介護保険制度利用の対象になる疾患

に該当しないことや，身体障害者手帳の対象となる障害の状態にも該当しないことから，介護保険制度と身体障害者福祉制度の活用ができなかった[1]．そこで，難病患者等居宅生活支援事業の利用を提案し，事業内容の紹介を行なった．その結果，ヘルパーの利用と日常生活用具（車いす・入浴補助用具）の給付を受けることにより，母親の支援がなくても生活できるのではないかということが話し合われた．また，必要な入浴補助用具の選定，環境調整をより具体的にするために家屋調査をおこなうことを決定した．

保健師とのかかわり

　家屋調査時には，難病患者等居宅生活支援事業の窓口である保健師とアパートの家主にも同席を求めた．この際，保健師が，杖を使って室内を歩くことができる大山さんの様子を見て，事業の利用に難色を示した．その理由は，事業の対象が障害老人の日常生活自立度判定基準による寝たきりか準寝たきり（屋内での生活は概ね自立しているが，介助なしでは外出しない状態）の人を対象としており，その状態に該当しないと捉えたことと，近所に母親が住んでいるということから，母親に支援が求められるのではないかということだった．そこで，理学療法士や作業療法士と共に，家の中での移動ならばともかく外出の際には付き添いが必要なこと，体調によっては歩けない日もあること，浴室の環境の改善と介助がなければ入浴が困難であることなど現状の理解を求め，母親に負担をかけられないことも伝えた．また病院への訪問を促し，継続して大山さんの状況の確認と理解を求めるとともに，事業利用の必要性を訴えた．

　慢性の病気を抱える人は，日によってまた1日のうちでも体調の変化があることが多く体の動きなどに影響があるため，一場面だけをとらえて生活の大変さや困難さを判断できないことは周知のことである．また，身近に家族の存在があっても，必ずしも十分に手助けできる者とは限らず，家族の事情・状況を十分把握しなければならないことも当然である．こうしたことを考慮せずに，簡単に制度の利用に該当しないとする保健師の認識を変えるに

は，なかなか苦労を要することであった．

自宅退院

働きかけの結果，最終的には保健師の理解を得ることができ，車いすと入浴補助用具（シャワーチェアー・すのこ・バスボード・浴槽用てすり）の日常生活用具の給付と，入浴介助のために週１回のヘルパー派遣が可能となった．今回は，住宅改修までにはいたらなかったものの，家主より，必要に応じて家主側で改修を協力するとの申し出を受けることができ，心強い結果となった．また退院が近づくにつれ，大山さんの不安が「ごみ捨てはどうしよう．」などと，より具体的なものになってきたため，１つ１つどのように工夫するかなどを一緒に考え不安の解消に努めた．入院約４か月後，屋外では付き添いが必要であるが，足の痛みとしびれにより歩けない日も少なくなり，身の回りのことはほぼ自分でできるようになった．外出の際に使用する車いすの給付を受け，入浴補助用具の設置，ヘルパー派遣の調整が整ったところで自宅退院となった．

退院後，大山さんが外来に通院してきた際に様子をたずねたところ，心配していた入浴に関しても問題なく，順調に在宅生活を行っているとのこと．母親も可能な範囲で手助けをしてくれていると，家での生活を嬉しそうに話してくれた．何か困ったことがあればいつでも相談を受ける旨を約束し援助の終了となる．

制度の活用

事例のように，制度の利用を希望する際に，往々にして行政側が制度を杓子定規にとらえ，利用を拒まれるということがある．しかしながら，とりわけ福祉制度は活用されることで利用者の生活を支援し暮らしやすくするものである．制度の柔軟な運用，裁量という側面が十分にはかられるべきものと考える．

注
1) 介護保険制度では，40歳以上65歳未満は第2号被保険者となり，老化が原因とされる病気（特定疾病：16種類）により，介護が必要な状態でなければ制度利用の対象とならない．また，身体障害者福祉制度を利用する為には，身体障害者手帳の交付を受けていることが必要である．

事例 22　生きる力で取り戻した命と生活

【疾患名】大腸癌，胆石　70代　男性
【要約】大腸癌にてストマ造設目的の入院．従来より，間借りのため在宅での生活保護受給は認められないとされ，入院中のみ生活保護受給の経過あり．退院後の住居について，「住居がない」ことに対して，市営住宅，民間アパート，高齢者住宅等を検討した．現状から，保証人の不要なアパートが見つかったことで，療養に適切な条件を満たすことができた．生活保護が継続して受給が可能となり，通院で病状安定をし，回復している．

　大腸がんで入院した幹生さん（仮名）は，単身であり，市営住宅の保護家庭の中に間借りをしていた．入院中の保護申請は認められ，治療経過は良好で，ストマ（人工肛門）を造設して自己管理もできるようになった．医師より，外来で抗がん剤を使用し，3か月ほど経過を見ていくということで退院に向けて医療ソーシャルワーカーへの依頼があった．市の保護課は退院先が市営住宅の間借りでは退院後の保護継続を認めないと言っている．帰る場がなく，治療の継続も困難な事態であった．そのような状況で，幹生さんと退院へ向けての模索をしながらアパートを探し，ヘルパーの援助を受けて暮らすことで合意し援助を開始した．

想いの汲み取りと現実の壁を乗り越える
　外科病棟の一室で，ベッドの傍に立った医療ソーシャルワーカーに「こまっとるんや，あんたは覚えとるわ」と戸惑った表情で幹生さんは話し始めた．飄々とした印象の人であり，以前から愚痴をこぼしたりすることはあまりな

い．本を読むのを楽しみにし，人に迷惑をかけることは嫌がる人である．50代までは，工場で働いていた様子だが仕事を失い，市営住宅に住む友人を頼った．そこで，間借りさせてもらい，10年以上が経過しているが，現金収入はほとんど無かったという．近くの農家で1人暮らしをしていた高齢者の田畑を手伝い，生活を続けてきた．

市の保護課は，以前からその生活状況を把握していたが，幹生さんが，現状の生活を望んでいることで見ないふりをしていた節がある．以前，骨折で入院した際（医療ソーシャルワーカーはこの時に幹生さんと初めて出会った）も，保護課はいつもなら扶養義務者等確認が厳しいが，幹生さんに関しては「この人は誰もいないから」と担当者から保護申請用紙を持参してくれた．

今回，幹生さんが治療を継続するには在宅での保護継続が必要である．しかし，住所不定者の扱いをされているため入院中しか保護をしないという市の対応があった．市の担当者と話した時に，幹生さんが「市営住宅なら家賃も安いし，間借りがだめなら古いところが空いているから貸して欲しい」といったが，それも「だめだ」と言われたという．「高いアパート代を出すから探せというのは税金の無駄遣いだし，矛盾していると思う」と医療ソーシャルワーカーに訴える．相槌を打ちながら今後，どうしようかと話し合う．幹生さんは，「できれば，友人の所に戻りたいが，生活保護が受けられなければ困る．アパートを探すといっても今の自分の状態では探しに行くことも難しい」と呟く．

医療ソーシャルワーカーとしては，保証人の問題もあり，「アパートは難しいかもしれないが保護基準で入れる高齢者アパートはどうか」と提案してみた．しかし，幹生さんは「少し遠くなるので，できれば近いところが良い」という．長年，この地域で生きてきており，交通手段も持たない高齢者にとって当然の願いである．医療ソーシャルワーカーとしては，まず，市営住宅の件を市に確認をする．だめなら，民間アパートを探す，それでもダメなら，高齢者アパートを訪ねてみるということで方針を決めた．

主治医に病状を確認し生活状況を報告し，「できれば，1人暮らしでもあ

るので，抗ガン剤治療については入院で治療ができないか」とたずねたが，医師からは「週に1度の抗がん剤の点滴で治療が可能であり，外来治療が適切である．入院で治療期間を短縮することもできないので，在宅で治療が受けられるように協力をしてほしい」と依頼された．看護師にも確認をするが，ストマの自己管理もマスターして自分のことはできるし，最近は体力を維持するためによく廊下も歩いていて問題がないということであり，入院の継続は難しいと判断せざるを得なかった．

そこで，まず福祉事務所の担当者に確認すると，市営住宅については住宅課と交渉をしたが入居困難ということであった．入居の立地条件を考えてみると以下の2点を満たす必要がある．

① 抗がん剤治療を外来で受けるには病院の近くであることが良い．単身で気分が悪くなっても帰ることができる距離．また，訪問看護師がすぐに駆けつけられる距離．

② 自分で食事を用意するため，買い物が便利なところでないと難しい．現在の市営住宅は不便であること．

この2点を考慮すると，病院に近いアパートで徒歩あるいは自転車で通院や買い物が可能な位置にあることが望ましいと考えられた．

また，幹生さんはほとんど日常生活動作が自立しているので，介護保険申請をしても認定を受けるのが難しいとも考えられる．自分で，毎日散歩をして体力低下を防いでおり，新聞や本も好きで，知的レベルも高く，ストマの自己管理についても手技はできている．しかし，今後，抗がん剤治療を外来で受けると，副作用（嘔吐，気分の悪さ，だるさ，痛みなど）により，生活に困難をきたす事態が発生することも想定できる．また，胆石も手術予定で，現在は食事療法が必要であり調理に援助が必要である．医療ソーシャルワーカーはこれらのことを幹生さんと共に確認していった．何度かの話し合いを経て，病院近くのアパートを探すことで幹生さんと合意を得た．

アパート探しへ，ゴー！

　医療ソーシャルワーカーとしては，民間アパートを借りると長く同居していた友人の援助が受けられない等マイナス要因も大きいが，現状では住む場所を確保し，治療と生活保護を継続するためにはアパート退院の選択しかないと思われた．

　本来，アパートを探す時には仲介不動産などを通すが，身元保証人のいない1人暮らしの高齢者を入居させてくれるアパートは少ないことが予想された．そこで，個人的に福祉の仕事に理解があるアパート経営者に相談をしてみた．幹生さんの状況を伝え，「なんとか貸してもらう物件がないだろうか」と，祈るような気持ちであった．すると，「生活保護ならいいよ．きちんと家賃は入るだろうから．古いアパートで老人が他に2人入っている所で病院も近いし，便利だからどうか．自分に任されているアパートだから保証人もいらないし，畳も替えよう．ただし，あんたがちゃんと関わってくれないとダメだよ」ということで了解を得られた．医療ソーシャルワーカーは大喜びで病室にいた幹生さんに伝えた．すると，本当にこぼれるような笑顔になり「良かった，ありがとう．心配だった」と涙を流して喜んだ．幹生さんが一人でアパートを見に行くことは無理があるので，医療ソーシャルワーカーが同伴することにした．アパートは一階であった．確かに古びてはいるが，ドアを開けると，広い台所と6畳が2間ある．幹生さんは「広すぎるかな．でも，畳の部屋は日当たりもいいし，もったいないから一間だけ使うわ」という．風呂にはシャワーがあり「これはありがたい，ストマを付けたのでシャワーが使えると助かるわ」と表情が和む．

　医療ソーシャルワーカーは病院に戻り，家主さんに来てもらって契約を進めることとし，生活保護課に連絡し担当者に了解を得た．アパートが見つかったことで，退院後も生活保護の継続をし，外来で治療を受けることに決定した．そこで，次はヘルパーの派遣について検討した．介護保険の申請に関しては，生活保護課に依頼する．そして，自立になる可能性もあるため高齢障害課に自立支援ヘルパーを申請し，要介護認定がでれば介護保険に切り

替えることになる．そのため，社会福祉協議会（以降，社協）に連絡を入れる．介護保険のヘルパー事業所であると同時に自立支援ヘルパーの事業をしているからである．

　次に，院内での退院調整を確認していく．幹生さんはヘルパー同席の上，医師から外来治療の説明を詳しく受けることやストマのケアやストマ材料の購入方法，身体障害者手帳（ストマは内部障害4級）申請，総胆管結石の食事療法の指導を受けるように日程を決めた．

　幹生さんには家族がいないため，退院前のアパートの掃除，ガス，電気の手配，着るもの，食べるものすべて自分自身が行っていくしかない．退院前の掃除については，ヘルパー事業所は援助に入れないため，シルバー人材センターに依頼した．以前，ヘルパーだったベテランの人に事情を話し協力を得ることができた．アパートに掃除に行ってもらったが，電気がつかなくて掃除機が使えず，箒や雑巾で掃除をしてもらったり，物心両面で多大な協力をしてもらった．家主も病院まで来て契約書を交わし，貸借の手続きにも大きな力になってもらった．このように，医療ソーシャルワーカーの持てるネットワークを最大限に活用し，たくさんの人たちの協力を得ることが出来た．また，幹生さんも頑張って退院準備を整えてきた．

　やがて，介護保険が要支援と認定された．介護支援専門員については，病院が引き受けることを伝えると「安心だ」と喜んでくれたため，病状が安定するまでは継続して関わることとなった．

いよいよ，退院

　そして，退院となった．社協ヘルパーに日常的に援助を受けながら，幹生さんは自分でできることは出来るだけ自分でこなしマイペースで生活を進めていった．心配した抗がん剤の副作用もそれほどひどくなく，間もなく自転車で通院できるほどに体調が戻ってきた．日常生活上の心配は少しあったが，徐々に生活は落ち着いていった．そして，住所が設定されて無事，住所不定者から晴れて市民となった．半年後，要支援2となり，ケアプランについ

ては病院の手は離れ，地域包括支援センターに移っていった．

その後，一番気にしていた「病気が病気だから，別れた娘に会えたら」という気持ちを介護支援専門員が汲み取り，生活保護課に連絡を取った．すると，うまく連絡がつき，なんと娘が孫を連れて会いに来てくれた．その後は，毎日ジグゾーパズルを完成させることを楽しみに生活を送っている．作品は社協に飾ってもらっているという．幹生さんの嬉しそうな，恥ずかしそうな顔が浮かんでくる．

先日，医療ソーシャルワーカーに電話が入った．「この1年，前半は厳しかったけど，後半は本当に良かった．それでな，先生がすっかりガンが消えたから，もう今月から薬も飲まなくっていいと言ったんや」と弾んだ声が飛び込んできた．「本当によかったねぇ」と熱いものがこみ上げ，返す言葉に力がはいる．「うん，世話になったなぁ，また，病院にも顔をだすわ」と，嬉しい会話であった．

もうすぐ，退院して2度目の春が訪れる．新たに生きる道が開けた幹生さんに，「人間は生き続けていればどんな苦しい時にも再び可能性が開けてくる」ということを教えてもらった．

事例 23　単身高齢者の退院後の住居・経済問題，人間関係を調整・支援し，退院を実現

【疾患名】左大腿骨骨折　80代　男性
【要約】転倒骨折で入院となるが，家族はいない．手術の承諾書や保証人の問題などがあがる．医療ソーシャルワーカーは本人の希望もあり民生委員に協力を要請し，民生委員を通して行政へも働きかけをした．一方で，大家より借家からの立ち退きを要望される．医療ソーシャルワーカーは住環境や金銭面の問題を中心として患者と関わり，二者と連絡を取り続け協力を依頼．その後退院調整を行いながら，関係者・行政担当者の協力もあって公営住宅入居となった．また新居周辺の医療機関について患者に情報提供を行い，合わせて福祉担当者への協力依頼を行った．

孤独な人生

　高橋さん（仮名）は，九州生まれ大阪育ちで，その後関東地方に移住し定年まで勤め上げた．退職後もボランティア活動に参加する等，社会貢献を続けてきた．幼児期に右股関節を患ったことで歩行障害があり，身体障害者手帳4級を所持しているが，病院とは無縁の生活を送ってきた．しかし加齢に伴い杖が必要な状態となった．

　両親は物心つく頃に離婚し，5人の兄弟も他界したり消息不明であったりで，何十年も会っていない．家族や親戚はいないに等しい孤独な環境で，今日まで生きてきた．しかし鋭い眼光と凛とした顔つきには，80歳とは思えない若さが感じられ，社会情勢にも明るかった．在職中は労働組合長を務めていたそうで，弁も立つ人物である．定年後は，町の交通指導員として街頭に立ち，名物おじさん（顔中に白髭を蓄え貫禄充分）として慕われてきた．感謝状も贈呈され，小さな命を守ることを生きがいとしてきた．「とにかくこれからの世の中を担う子供たちを大切にしなくちゃいけない．」，というのが口癖である．その反面生活基盤は年金のみで，不自由な身体や金銭的な不安を抱えながら，自助努力でなんとか生活してきたようだ．

晩年に襲った不運

　だが徐々に歩行が不安定になってきた高橋さんの交通指導には，いつしか苦情が寄せられるようになった．やむなく退くが，その後もボランティアとして交通指導を続けていた．その帰宅途中車にあおられ転倒，骨折したため当院に救急搬送となった．

　長年借家住まいだった高橋さんは，以前から再三，建替えのための立ち退きを大家から迫られていた．事故は行政と民生委員の協力により，やっと他町の町営住宅への転居が決定した矢先の事だった．医療ソーシャルワーカーには，入院直後に病棟看護師から「独居老人が入院してきたので，一度面談して欲しい」と連絡が入った．早速病室を訪ねると，大家と担当の民生委員に会いたいので連絡してほしいとの依頼があった．高橋さんは身動きひとつ

とれない自身に観念し，以前から交流のある2人に救いを求めたのである．

医療ソーシャルワーカーにも，高橋さんの入院前の生活についての情報収集，手術に必要な保証人の依頼をしたい気持ちがあり，2人に来院を依頼した．何度か話し合いの場をもったが，大家には借家からの立ち退きのチャンスでもあり，余計な関係は絶とうという姿勢が見受けられた．一方，担当となったばかりの民生委員は，高橋さんの今後の生活に配慮があり，共感的な態度であった．そこで，民生委員に保証人の確保を行政にはたらきかけるよう依頼した．しかし市の民生委員事務局からはなかなか回答が得られず，時間が過ぎた．幼児期よりの右下肢歩行障害に加えて，今回の左足骨折で寝たきりになる可能性があり，自力歩行のためにはどうしても手術が必要である．結局患者本人の承諾のみで，手術に踏みきることとなった．

その後民生委員から，保証人どころか入院中に患者本人に関する世話や話し合いに立ち会うことすら支援範囲外であると市の担当者から指導されたとの連絡があり，民生委員自身も疑問を残したまま病院への足が遠のいてしまった．しかし医療ソーシャルワーカーは，手術が成功したこととその前後の高橋さんの様子をこまめに大家と民生委員に報告し，少しずつではあるが回復していることを伝え，入院直前の計画通りに転居できるよう支援するので協力してほしいと相談し続けた．高橋さんの在宅復帰の鍵を握るのは，この2人以外にはないと確信したからである．

すると2人で申し合わせたのか，民生委員は多少の用事を引き受けてくれるようになり，大家は保留中の町営住宅に転居できるよう，再度行政に相談するようになった．粘り強く連携をはたらきかけた医療ソーシャルワーカーの努力が伝わったものである．協力者を確保できたことから，退院後の生活環境の整備を進めることとしたが，高橋さんがリハビリでどこまで回復するか，在宅での生活を支援してくれる人的資源の確保ができるかが課題だった．

80代の再出発

その後高橋さんのリハビリは順調に進み，車椅子の自操も可能になった．

行動範囲が広がってくると，病院の環境を把握したのか，看護師等への用頼みが多くなり楽をしようという様子がみられるようになった．看護師からは「私たちは雑用係じゃない」という不満が聞こえるようになる．医療ソーシャルワーカーは，今まで誰にも頼らずに生きてきた高橋さんだったが，病院スタッフの手厚い看護に人の優しさを感じたことで，甘えが出ているのではないか，患者が心を開いている証拠ではないのかと問いかけ，患者との関係を修復した．スタッフには，洗濯等は本人ができるよう，備え付けの全自動洗濯機の使用方法を教える等，本人の自発性を高めるような働きかけを依頼する．また高橋さんには，「無理しなくていいから，できることから自分で少しずつやりましょう．どんなことでもリハビリですよ」と言葉をかけた．

　高橋さんは，毎日のリハビリに加え，廊下や階段等で自主的に歩行の練習に励むようになった．医師の退院指示にも動揺することなく，もう少しリハビリをして自信をつけてから，自宅での暮らしにもどると強い意志と意欲を見せた．やがて退院が近づき，問題になってきた入院費用についても，退院時に一括で支払いをするから心配ないと強気で言う．

　大家と民生委員は，物を捨てられないうえに収集癖もある（自宅はごみ屋敷状態である）．生活保護の受給こそしていないが，家賃も滞納しているのに，治療費を一括払いできるとは思えないと言う．そこで経済面も含め，今後の支援の方向を検討するため，医療ソーシャルワーカーは現住所地と入居保留中の町営住宅がある他町の行政担当者も含めた拡大カンファレンスの開催を呼びかけた．メンバーは，2町それぞれの福祉担当者や町営住宅担当者，退院後必要となる在宅サービス担当者や，転居先近くの通院リハビリが可能な病院の医療ソーシャルワーカー等である．

　そこで医療ソーシャルワーカーは，高橋さんの退院後の生活の具体的な支援方法と協力体制について話し合いを行った．はじめに病棟師長と理学療法士が，入院後の経過や退院後予測される問題などを報告した．続けて参加者の間で，高橋さんの入院までの生活について情報交換が行われ，今後の生活支援について協議した．その結果，町営住宅入居については，他に待機者も

いるが特別な配慮が得られることになった．経済的問題や移住先の民生委員等の関わりについても，担当者に調整を依頼した．また通院リハビリのため主治医に紹介状を依頼し，先方の病院の医療ソーシャルワーカーに受付等受療援助を依頼した．介護保険の申請や，在宅サービスの利用についても，本人の意向を聞き必要な援助を検討した．

その後医療ソーシャルワーカーは，高橋さんと共に，リハビリスタッフを伴って新居を訪れ，家屋状況と本人の生活能力を調査し，具体的な環境整備と問題点の整理を行った．体力が戻ってきた高橋さんは，リハビリも兼ねて外出を繰り返し，医療ソーシャルワーカーの情報提供によりシルバー人材センター等を利用して現在の借家の片付けや新居への引越しの準備を始めた．またこの頃になると，高橋さんのかつての職場の仲間が面会に訪れるようになった．医療ソーシャルワーカーは，この機を逃さず接触し，現状を説明して引越し手伝いの協力を得た．自主的に動き出した高橋さんの様子に，大家と民生委員は食事を差し入れする等の気遣いをみせ，引越しを暖かく見守るようになった．また経済的な問題についても，入院費の支払いを最優先し，家賃滞納分は後日払いでよいという大家の申し出があった．現住所と転居先の行政担当者とは，密に連絡をとり，円滑に転居先での生活に入れるよう居室の掃除を依頼した．また湯沸し器・ガスコンロ等，本来本人が用意する器具も設置してもらうことになった．

こうして退院の準備は進んだが，もうしばらくの時間が必要と考えた医療ソーシャルワーカーは，主治医に入院の延長を相談した．それが認められると，高橋さんはたいへんな回復力をみせ，主治医を驚かせた．準備の時間が確保できたことで，新しい住宅の環境は十分に整えられ，高橋さんは安心して退院していった．

その後の関係者からの情報によると，高橋さんは自宅前のバス停を上手に活用して活動範囲を広げており，他町のイベントに足を運んだり，長年世話になった大家の葬儀にも参列する等，義理堅くそしてたくましく生きているとのことであった．信念を貫いて生きようとする患者の思いを尊重し，その

ために努力した医療ソーシャルワーカーとしての使命感が，この結果につながったことを実感した．制度の枠を超え，すべての関係者の心を動かす原動力として地域との連携をはかることは，医療ソーシャルワーカーならではの役割である．この患者から教えられたことは大きかった．

> **事例 24** 高次脳機能障害を抱えた単身高齢者への
> 3 年間の支援
>
> 【疾患名】脳梗塞，高次脳機能障害　70 代　男性
> 【要約】単身でキーパーソン不在の高齢者が，脳梗塞後，高次脳機能障害を抱えた．主治医らから施設入所を進める方向が提案される中，ソーシャルワーカーは心のケアを土台に，本人の希望にかなう方向を模索した．生活保護・地域福祉権利擁護事業・介護保険等，順次退院支援を実施し，試験外泊などを通して生活支援のアセスメントを繰り返し，地域支援体制をつくって自宅退院を実現した．その後も 3 年間の継続的な支援で様々な困難を乗り越えて居宅生活を続けている．

事例概要

　高木さん（仮名）は，結婚歴はなく，民間アパートで単身生活をしていた．職業は造園業だが，過去に長年調理士経験を有する．しかし職場を転々としたことが災いして老齢年金を受給できず，シルバー人材センター紹介の仕事で暮らしていたが，入院で無収入となり，生活保護を申請して受給した．

　主病名は脳梗塞，高次脳機能障害[1]，感覚失語，白内障，既往は糖尿病，心房細動．2002 年 10 月入院，救急病棟（13 日間），回復期リハ病棟（123 日間）を経て退院，その後は短期入院が 3 回あるも，支援を受けながら自宅で安定して過ごし，元気に 3 年を経過した．

ソーシャルワーカー介入前後

　「経済的な困難がありそうだ」との主治医の依頼で，見舞いに来院された職場同僚からの情報収集を得て対応，入院費不安から生活保護申請を援助した．認知症はないが，高次脳機能障害と診断される．ADL はほぼ自立まで

回復してきた．

〈支援方針1〉　信頼関係を大切に，毎日短時間面接を継続し，心のケアを行っていく．

理由：高次脳機能障害を把握できず，今までできたことができないなど自信喪失し，精神的に強く不安を抱えている時期である．

第1期（退院までの準備）──回復期リハ病棟転床以後

11月，リハビリカンファレンスにて，主治医より「高次脳機能障害」のため，「介護施設入所」を進めるべきではとの方針が提起される．本人も「このまま入院」を希望しているとの判断からである．本人の不安に揺れる感情を理解していたソーシャルワーカーからは病院内だけでなく，自宅・地域での残存能力や隠された可能性に着目したアセスメントの必要を提案する．

〈支援方針2〉　生活の困難だけでなく，可能性を具体的に把握してチームに提起する．本人のもっている能力を理解するためにも，高木さんの詳しい生活歴を聞くこととした．

大学は中退したが，若いころから調理師として活躍し，そのため職場を転々としたことを話される．12月，第1回試験外出．ソーシャルワーカーが同行してアセスメントを行い，この報告で主治医らの支持を得て，それまでの病棟やリハビリ室だけではなく，本人の生活環境に着目したアセスメントを行うことを決定した（図Ⅱ-10）．

〈支援方針3〉　日常生活のどのプロセスで障害がでるのか，でないのか総点検を行う．

結果はスタッフを驚かせた．病院内だけでの結果と大きく異なる結果だったからである．①病院の全自動洗濯機には混乱したが，自宅の二槽式洗濯機では対応可能だった．②料理ではご飯炊きは問題なかったものの，肝心な調理で混乱した．職歴が関与しているかもしれないと考え，ヘルパーによる援助とすることで本人の了解を得た．③ガスコンロの着火や消火確認は問題がなかった．④病院の多機能公衆電話機には混乱したが，自宅電

第2章 在宅支援物語　143

図Ⅱ-10　ソーシャルワーカーのアセスメントの分野と視点

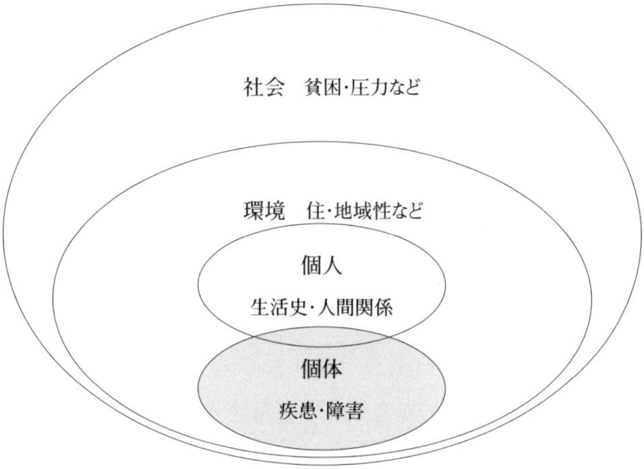

社会　貧困・圧力など

環境　住・地域性など

個人
生活史・人間関係

個体
疾患・障害

出典：筆者作成

図Ⅱ-11　高木さんの地域支援ネットワーク

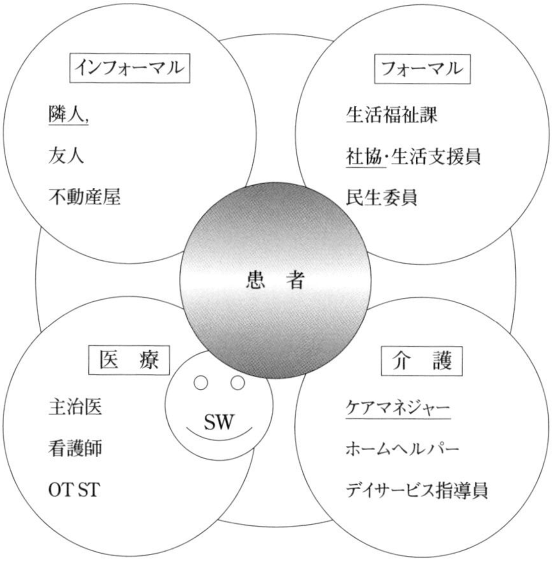

インフォーマル
隣人,
友人
不動産屋

フォーマル
生活福祉課
社協・生活支援員
民生委員

患　者

医　療
主治医
看護師
OT ST

介　護
ケアマネジャー
ホームヘルパー
デイサービス指導員

SW

出典：筆者作成

話機(旧式)には混乱せず使いこなせた．⑤電話による会話は，顔の見えない着信に不安を抱くようであるが，発信は問題なし，自発意識を維持することが大切なポイントと判断した．⑥緊急連絡先の確認などは問題なく，緊急時の連絡方法をわかりやすく決めて約束事にした．⑦鍵の開け閉め確認なども問題なし．⑧冬の石油ストーブの扱いでは給油ポンプのプロセスに混乱して無理だと判断した．点消火は問題ないので，給油はヘルパー援助で統一することにした（1年後には，本人の工夫で中古ストーブをもう1台購入し合計2台を交替活用することで燃料切れを無くしていた）．⑨公共料金の支払い方の確認では，慣れた銀行で1回ひとつだけにしぼれば可能だった．⑩食料の買い物ではその日分だけなら間違いなく買えるが，数日分の計画的買い置きを提起すると混乱した．買い置きには支援が必要と判断した．⑪タクシーの呼び方は少しの練習でマスターできた．行先の指定や道順指示の確認も慣れた目標，道順なら指示は可能で支払いも問題なくできた．⑫お金の計算を確認，算数の加減算は回復過程だが，複雑な日常生活動作ができるかは時間的見守りが必要と判断．⑬服薬は処方を工夫し，「毎食後」「寝る前だけ」などのミックスは混乱があり，医師，薬剤師らに要請して「高木さんにも守れる処方」を工夫してもらう．⑭通院日の忘れがないように，自筆の大型メモを用意して自分で確認，ヘルパーの見守りあれば万全と判断した．⑮全体的に「他からの指示」を極力なくし，自分の意思による「自発行為」を基礎にすることで落ち着くことがわかる．

〈支援方針4〉　①高次脳機能障害を前提に地域支援ネットワークをつくることで，本人の望む自宅退院は可能である（図Ⅱ-11）．

　②金銭管理は地域福祉権利擁護事業を利用する．③介護保険は医師の協力を経て要介護2に認定，ケアマネジャー紹介とケアプランの協働策定などを進める．

第2期　退院直前（居宅生活への不安増大期）
　リハビリテーション部に「高木さんの高次脳機能障害の注意と対応ガイド」

を作成してもらい，支援者で理解を統一した．

第3期　退院直後（最大の混乱期への対処）・
①ヘルパーへの苦情騒動などに対応した．②退院時の約束事をつくった．本人のSOS発信には簡単な言葉でルールを作成した．
理由：遂行機能に障害があり，自分が窮地や突然危機状態におちいったとき，順序だてて他者に伝えきれないことがある．そのことを前提に単純な約束事をつくっておいた．

第4期　継続的地域支援
〈支援方法の統一〉　①支援者は日常的な生活指示はしない②本人がやってはいけないことを明確にする③ヘルパーがやることを明確にした④本人が自発的にできることについては極力禁止動作とはしないで様子をみる⑤病院カルテにはソーシャルワーカーから生活支援情報と高次脳機能障害の特徴について記載した⑥外来受診時にはヘルパー同行し，診察時に看護師立会い，診療終了時にはヘルパーへの連絡などを約束事にした⑦要介護認定調査には必ず立会いが必要であることを確認した．

3年間のまとめ
『ソーシャルケースワークとは，人とその環境に，個々に，意識的に働きかける作用によって，人格の発達を促すプロセスである』(Mary. E. Richmond)
① 医療ソーシャルワーカーは病院にいて，常に患者に寄り添い，心のケアを基本に，急性期〜亜急性期〜回復期のステージを理解して意欲を回復する支援を継続すべきである．
② 心のケアとともに患者の生活歴を理解し，障害と生活，仕事，地域，本人の大切にする価値などを科学的に把握し，このアセスメントを通して地域支援プランを多職種へ提起していくべきである．

③ 医学・医療だけのアセスメントや画一的なケアパッケージのあてはめでは，実際の居宅生活への不適応や施設入所を増やす結果をまねきかねない．

　高次脳機能障害者が住み慣れた地域で生活を継続するには，疾病と障害を理解したソーシャルワークが不可欠である．高次脳機能障害の早期診断と治療はさらに整備され確立していくだろう．しかし近年一気に短縮化した入院医療を考慮すると，「見えにくい障害」に対する十分なアプローチもないままに早期退院だけが急がれることは容易に想像できる．退院を急ぐあまりに本人の希望しない施設入所を増やさないことと，さらに自宅復帰後の支援に社会福祉専門職の技術が問われる．

　　注
　1）　高次脳機能障害とは
　　　脳損傷の後遺症で，言語・思考・記憶・注意・遂行機能など高次な脳機能に障害を残すことがある．外傷性脳損傷によるものが有名であるが，脳血管障害を原因とするものの比率が高い．見た目だけではわからないことが多く，「見えにくい障害」「隠れた障害」と呼ばれる．感情・情緒のコントロールが困難な例では，本人の性格の問題として誤解をうけることも少なくない．身体麻痺がない場合には介護・障害・精神いずれの福祉サービスでも対象とされにくく，社会資源活用で路頭に迷う事態から「谷間の障害」として社会問題化している．国は「高次脳機能障害支援モデル事業」を実施，2004年3月には行政的診断基準を示し，障害者自立支援法で都道府県単位の広域・専門的支援の一環に「高次脳機能障害支援普及事業」が位置づけられた．モデル事業も終了し，今後の地域での支援対策が焦点となっている．

> コラム

暮らしに寄り添うということ
――ぶれて，揺れて，たじろいで．

はじめに

　利用者の生命的な危機状態，生還の過程，また，病気や障害と共に生きていく日々の生活など，医療ソーシャルワーカーが利用者と出会う局面は様々である．今回，ある利用者の療養生活を支援した際，背後にある夫婦間の問題点が偶然浮かび上がった．それへの介入がきっかけとなり，利用者の症状が軽減され，夫婦の信頼関係の回復につながった．医療ソーシャルワーカーとして，その過程に関わることができ，自らの仕事に改めて喜びを感じた事例だった．

事　例

Aさん：年齢：60代
病名：脳梗塞後遺症，言語障害，認知症
家族構成：妻と2人暮し

出会い

　平成15年春，Aさんの入院先の主治医より在宅支援の要請あり．「本人は自宅療養を強く望んでいるが，奥さんの理解が得られず，介護保険申請も含めそちらでフォローしてもらえないか」と．その病院には医療ソーシャルワーカーの配置がなかったため，直接居宅支援事業所の介護支援専門員にケアマネジャー（以下ケアマネ）として，また医療ソーシャルワーカーとしての支援の依頼があった．数日後妻と面接をした．香水をプンプンさせ，厚化粧で茶金色の髪，ヒョウ柄の派手な服装で面接に現れた．
　私は，表情が強張るのを感じながら，恐る恐る声をかけてみた．「初めま

して，この度担当させて頂く……」．相手の気分を逆撫でしないよう，いつも以上に低姿勢で話すよう心がけた．しかし，自己紹介もままならぬうち，「わたしゃ，この人を看る気なんかないんよ．だいたいええとこの会社の人じゃけ結婚したのに．一緒になった途端こがーな（このような）体になってしもうて．別れたいばっかしよ」．妻は一気にまくし立てた．「大変な人の担当になってしまった」と，その日の夜は気分がさえず，なかなか寝付けなかったのを覚えている．

妻とのコミュニケーションがうまくとれないまま，あっという間に数日が過ぎてしまった．主治医からは「早くなんとかならないのか」とせっつかれ行き詰っていた．とりあえず，本人と話をすることにした．病室のAさんは満面の笑みを湛えながら自ら手を伸ばし，握手を求めてきた．私は，日ごろ接する利用者の多くが70歳以上の高齢者のためか，久々に力強い男性の握力に新鮮さを感じた．

今思えば，とんでもないうぬぼれだったが，その時の私には，「奥さんには心を開かないAさんでも，私のような若い女性がちょっと手を握ったり，優しく語り掛けたりすると，コロッと態度を変えるのでは．介護保険の申請など簡単に了承してくれるはず」とやや高をくくっているところがあった．「奥さんが退院後の生活のことで心配されていますよ」と耳元で静かに話しかけた．当然，その表情どおりの穏やかな言葉が返ってくると疑わなかった．しかし，次の瞬間，Aさんの表情が一変する．眉間に皺をよせ，「あがーなもん（あのような者）のいる家には帰りゃあせん．出て行きゃあええんじゃ．おのれーはあれのまわしもんか（お前は妻とグルになっているのか）．」

私はしばらく呆然として，立ちすくんでしまった．

退院に向けて

翌日医師に状況を報告する．「それなら放っておけばよい」とあっさり言われ，まともに取り合ってくれなかった．普段の私なら，やっかいなケース

に関わる手間が省けたと，すぐに退散してしまうのだろうが，主治医にそういわれたことが返って発奮材料となり，次の日から本人への猛アプローチを開始することとなる．暇さえあれば足しげく病室を訪ねた．初めのうちは，まともに目も合わせてもらえず，手でシッシと追い払われた．それでも何日かに1回は，笑顔で対応してくれた．そんな時は，Aさんが，時に話題に取り上げる看護師さんの話題を中心に話をした．「○○さんは制服が似合いますよね」「○○さんは年のわりにスカート丈がちょっと短いですよね」といった具合に．そうしていくうちに次第に私の訪室を受け入れてくれるようになり，時にはお茶を用意して待ってくれるまでになった．身の上話ができるようになるまでそう時間はかからなかった．聞けば，妻とは再婚で，これから悠々自適な生活をしようと一緒になったとか．ところが，思わぬ病魔に冒され，奥さんを幸せにするどころか，こんな目に遭わせてしまい申し訳ないと言う．Aさんは，本当は妻に詫びたかったのだ．自分が家に帰るということは，奥さんに負担を強いてしまう．だからあんな乱暴な言葉を言ってしまったのだった．ただ，それを素直に表現できず，また詫びる（＝弱い）自分を見せることで，自分の男気に惚れた妻をがっかりさせたくなかったという．Aさんは妻の前ではあくまで1人の男としていたかったのだ．

　それまであまりリハビリに積極的でなかったAさんだったが，その日を境に，自宅へ帰るための準備を自ら始めた．

　妻へは，本人とのおおまかなやり取りを伝え，退院に向けて本人が意欲を示していることを伝えた．夫の本心を知った妻は，「あの人がそんな上等なこと言うなんて嘘に決まっとる」などと口では汚く罵ってはみるが，あれだけ頑なに拒んでいた介護に対し少しずつ関心を持つようになった．ほとんど顔を出さなかった病室に訪れるようになり，面会時間も数分から数十分に延びた．天気のよい日は妻が車椅子を押して院外を散歩するなど，以前では考えられない光景がみられるようになった．

　本人のADL状態も伝い歩きが可能になるくらいに改善した．主治医をは

じめ，リハビリスタッフなどと退院についての具体的な相談を重ね，環境整備を行うまでこぎつけた．担当理学療法士を伴っての初めての退院前訪問を行った時は驚いた．綺麗に整えられた庭，可愛らしい花々，室内には部屋の細部にわたり手作りの装飾品が並べられていた．妻のもつ豪快なイメージからはおよそ想像できないものだった．それらに感激する私達に対し妻は得意げに話した．少しでも夫の心が癒されるようにと妻なりの心配りであった．ほどなくして住宅環境も整い，Aさんは晴れて退院の日を迎えた．妻の介護負担軽減をメインにおき，介護保険で近隣施設のデイケアとショートステイを利用することとなった．

在宅生活

こうして，再びAさんと妻の2人の生活が始まった．私は居宅支援事業所のケアマネとして，介護サービスが順調に滞りなく提供されるよう，2人の生活を見守った．同時に，妻が彼女自身の生活の中で大切にしている庭木や花の世話がきちんと行われているかも必ず観察するようにし，その状況から妻の心理状態の把握に努めた．妻とのやりとりは，訪問の他，手紙によるものも多かった．手紙は，彼女が好んで集めていた四季折々の草花をモチーフとした色彩鮮やかな便箋が使われることが多く，その時々の心情によって微妙に変化があった．初めは，業務上の連絡が内容の中心だったが，次第にスタッフに対するねぎらいを綴ったものも送られてくるようになり，私達は幾度となく妻の繊細さに心打たれ，励まされもした．在宅生活を始めた当初は警戒していたスタッフとの距離も次第に縮まり，排泄や入浴の介助に嫌悪感を示しながらも，妻は持ち前の「見栄っ張り」を発揮し，在宅生活は次第に軌道に乗っていった．

夫婦にしか分からないこと

ところが，ある日を境にAさんから少しずつ元気がなくなっていった．

食欲が低下し，動きも鈍くなっていった．栄養状態の悪さや脱水を疑い，主治医へは新たな疾患がないか確認した．しかし，いずれも問題はなく，スタッフ間で何度も協議を重ねたが原因が掴めなかった．妻も，「体調が悪いのでは」の一言で，私もあまり深く追求することはしなかった．

そんなある日の夕方，妻から1本の電話が入る．「すぐに来てちょうだい．もうやってられない」．ただならぬものを感じ，私は男性職員を伴って自宅へ急行した．玄関のドアを開けたとたん，灰皿が飛んできた．中に入ると廊下は水浸し．トイレのドアは開きっぱなしで，ウォシュレットからは水が噴き出していた．物が散乱した部屋には，紙パンツを半分ずらし，床に座り込んでいる本人と，傍らで泣く妻の姿があった．「何が起こったのか」．私は妻の背中を擦りながら，自分の呼吸も整えつつ，専門職として冷静であろうと，まずは事情を聴いた．しかし，本人は「こんなが……こんなが……（こいつが，こいつが）」と興奮して言葉にならない．妻も泣くばかりだった．私は多くを聞かず，本人と妻をいったん離すため，翌日からのショートステイを淡々と手配した．2人を別々の寝室で休ませるのに2時間を要した．

不穏症状の意外な原因

翌朝，ショートステイの担当者と一緒に自宅を訪問した．2人ともぐったりとして元気がない．施設に入ったAさんは見る見るうちに生気を無くしていった．あれほど好きだった女性の話にも興味を示さない．

夫婦別々の生活が1週間続き，ショートが明日で終わるという頃，「このまま帰してよいものか」との思いが頭をよぎり，私は思い切って本人に何があったのか聞いてみることにした．面と向かって話をする勇気が無く，迷っていた時，以前友人に誘われて行った飲み屋の事を思い出した．隠れ処的で薄暗く狭い店内は，腹の底にたまった日ごろのうっぷんを吐き出すには絶好の場所だった．

そこで，少し奥まった薄暗い場所なら，本人も話をしてみようという気に

なるのではないかと思い，Aさんとの面接場所を，普段利用する応接セットが整った面談室でなく，あえて施設の隅っこの柱の後ろに設けてみることにした．

　Aさんは戸惑いをみせながらも，次第に妻との生活を話しはじめた．それも夫婦間の性についてだ．いきなりの告白に面食らった．表面上は「えぇ，えぇ，そうですか……」と冷静さを装っていた．しかし，限界はすぐにきた．私1人では到底対処しきれないと思い，以前産婦人科で長年働いていた看護師長を慌てて呼びに走った．狭くて暗い施設の隅っこに，看護師長と私，車椅子のAさん．傍目からは異様な光景に見えたに違いない．聞くに，退院してから妻と1度ももうまく性交渉ができずにいたという．先日も妻を求めたが，あからさまに拒絶され，感情が一気に爆発してしまったようだ．「私はどうしたらよいのか」．本人の勇気ある告白に頷きながらも，1人頭の中で悶々と考えていた．しかし，その悩みは一瞬で消えることとなる．

　「それならAさん，上手にできる方法を教えて差し上げましょ」．カラッとした看護師長の一言は，その場の重苦しい空気を一変させた．それからの看護師長の行動は早かった．本人を居室に連れて行き，手取り足取り本人に「技術指導」をし始めたのだ．ここでの詳述は避けるが，懇切丁寧な指導を行ったようである．

　翌日予定通り，妻の迎えのもと自宅へ帰ることとなった．帰り際，看護師長は妻の耳元で昨日のことを話した．妻は赤面しながらも「分かりました．頑張ってみます．」と言った．2人のやりとりは，私などとても割って入ることのできない，ある意味とても神聖なもののように思えた．

在宅生活の終わりから最期の時

　ショートから帰った翌日自宅訪問を行った．Aさんも妻もとてもスッキリとした表情で，あの不穏症状は何だったのかと思わせるくらいだった．その後の訪問では，タイミングをみながら，療養生活の他，夫婦生活のことも

確認することにした．本来人には言い難いことであるにも関わらず，本人も妻も照れながら，若い私に話をしてくれた．その後も色々なことがありながらも，Aさんと妻の在宅療養生活は続き，私は医療ソーシャルワーカーとして多くを学んだ．

しかし，やがて2人の生活にも終わりの時がやってきた．Aさんの持病である心臓疾患が悪化したのだ．入院治療を余儀なくされたが，Aさんは在宅復帰を強く望み，その思いを支えるべく，妻は毎日面会に通い励まし続けた．あれだけ汚い不潔だと嫌っていたAさんの手を握り足を擦った．時に優しく語り掛け，好物であるお寿司を持ち込み，2人で食べた．もちろん寿司ネタをめぐって大声で喧嘩もした．しかし，病魔には勝てなかった．Aさんは平成17年の暮れ，妻に見守られ，病院で静かに息を引き取った．

おわりに

本人が亡くなった後もしばらくは，葉書や電話による妻とのやりとりは続いた．内容は，ご飯をちゃんと食べているか，そろそろいい人はできたか，給料は上がったかなど，私生活を母親のように気遣うものから，隣のおばあちゃんが1人暮らしで困っているから何とかしてやって，など様々で，日に日にAさんの妻は，地域ではちょっとした相談役のような存在に変身していった．あれだけ私達を困らせた（？）強面だった彼女が，他の家庭の介護相談に乗り，愚痴の聞き役となり，叱咤激励している．その姿は，正直異様な感じであるが，地域住民からは意外と評判が良く，そのうちに私達にとっても頼れる存在となっていったのである．

医療ソーシャルワーカーは疾病等によって引き起こされる様々な課題を，本人や家族への心理社会的支援と共に，社会資源の調整や家族調整という手段によって，本人達が問題を解決していけるように側面的に支援していくことが仕事である．しかしその仕事に隠れて見えない背景には，言葉では表しつくせない，その利用者独自のドラマがある．そのドラマの出演者の一員に

参加する事が許される条件は，本人またはその家族が慣れ親しんだ「暮らしぶり」を知ること，また知ろうとする努力を続けること，さらにそれによって利用者や家族の信頼を得ることではないかと，今回のAさんの支援を通じてつくづく思わされた．

もしも，Aさんとの関わりが病院の中だけのもので留まっていたなら，おそらく彼らのことを，「私にはちょっと苦手なタイプ」と決めつけ，まったく理解できないままで援助は終わっていた事だと思う．それどころか，彼らを「わがままな患者」と「夫を虐げる妻」などと勝手に印象づけていたかもしれない．

しかし，他のスタッフと共に自宅を訪問し，家の周りを歩き，どんな土地柄のところで，どんな人間関係を培ってきたのか，どんな匂いや音のあるところで何を見ながら暮らしてきたのかなど，「利用者の暮らしぶり」をリアルに知ることで，「自分自身の利用者の捉え方」に変化をもたらすことができた．

自分の手や足，さらに五感をフルに使って利用者の生活に入り込み，そこで知り得たことは，支援を展開する上での貴重な情報源となり，私に，問題解決の為のヒントをたくさん与えてくれた．この「生活（暮らしぶり）を知る」というプロセスがなければ，あの看護師長との「連携プレー」も実現することはなく，不穏症状が引き起こされる原因もまさか性生活の不満にあったなどとは考えも及ばなかったはずである．

この事例を振り返った時，正直，私よりベテランの医療ソーシャルワーカーだったら，もっと色々なことが円滑に解決でき，家族や本人にもっとよい提案ができたのではないかと思うことがある．しかし，Aさん夫婦に翻弄されながらも，Aさんや，Aさんへの対応に心を悩ませた妻と，一緒に成長する機会が与えられ，私のようにまだまだ経験の少ない医療ソーシャルワーカーであっても，利用者に誠実に関わることで，彼らとの大切な時間を共有し，人としてどうあるべきかを学ぶなど，非常に貴重な体験をさせてもらえ

るとの実感を得た．

　自分が意図しなくても，関わる人々によって自分自身が成長させてもらえる．まさにこれが，医療ソーシャルワーカーの仕事の醍醐味といえるだろう．

　これからもたくさんの人との出会いや別れを経験するだろう．それらを自分自身の成長の糧としながら，ぶれても揺れてもたじろいでも，利用者と共に歩ける医療ソーシャルワーカーを目指して，一歩一歩確実に進んでいきたいと思う（小出由美恵）．

第3章　在宅医療ソーシャルワークの専門性

1　在宅支援物語——ソーシャルワーク視点からの解説

はじめに

　この章では，在宅への退院または在宅療養の継続のための101の援助事例から，一部を前章とは異なる視点で紹介している．これらもまた，医療ソーシャルワーカーの力なくしては，在宅療養が実現しなかったと思われる事例である．要約に加えて，調査を担当した者が，その支援にコメントをつける形式とした．

　2章，3章のいずれの事例も，援助を始める際に患者・家族との信頼関係がしっかりと築かれ，それを基盤に在宅での生活を阻む問題が，解決あるいは緩和されているものである．ソーシャルワークの基本として教科書で教えられる信頼関係が，援助者と患者・家族の双方にとってどれだけ大きな意味をもつものなのか，多くの実践にふれて私たちは改めて知ることになった．

　また医療ソーシャルワーカーは，患者・家族のみならず，その援助を進める過程で関わる幅広い人たちと関係を築く職種である．その仕事は，目には見えなくとも，人と人との間に確かなつながりをつくり，それを様々に生かすことで患者・家族の生活を支えている．その有り様が，これらの事例を通して浮かび上がってくるように思われた．

　こうしたはたらきかけや，援助の際のエンパワメント，ストレングスといった視点，ケアマネジメントの進め方等には，社会福祉を基盤とする職種の価値と技術が生きている．医療ソーシャルワーカーの有するこれらの専門性

は，医療の場でも有効にはたらくものであることが，実践事例により確認されたことの意義は大きい．

紙面の都合で限られた字数ではあるが，在宅医療ソーシャルワークの専門性の一端を読み取っていただけたら幸いである（永野なおみ）．

事例 25 四肢麻痺・意思疎通困難な若年患者の生活全般の在宅療養援助と早期の自宅退院を支援した事例

【疾患名】脳腫瘍，四肢麻痺　30代　男性
【要約】脳腫瘍・四肢麻痺で意思疎通困難な若年の患者の妻を対象に，救急入院時には経済的不安や子の養育についての相談に応じ，症状固定後には手帳申請や在宅福祉サービス利用の支援，退院・在宅生活へ向けての不安から周囲（夫の両親，病棟スタッフ，市役所等）との関係悪化に関して訴えを傾聴した．特にスタッフには家族に退院を迫ることのないよう，また関係機関には退院後の介護負担軽減や就労再開のため情報共有を図り，円滑な退院を支援した．

救急入院からまもなくして，妻による医療費の相談で初回面接は始まった．妻の主訴は経済的な不安とともに養育の不安や退院への不安に及んでいるが，医療ソーシャルワーカーによる早期の対応が患者・家族の安心感をもたらしたと考えられる．

退院前後の段階では，妻は，退院への不安から，周囲（家族，病棟スタッフ，行政窓口など）とのトラブルを起こすこともあったため，医療ソーシャルワーカーは妻との面接により，訴えを傾聴するとともに，不安を明らかにし，具体的な問題解決の方向を検討していった．具体的には，①症状固定を待って身体障害者手帳申請や在宅福祉サービスの利用とともに，②試験外泊を勧め，退院後の生活で想定される困難を確認し対応策を検討していった．

病棟との関係では，退院を急ぐ病棟に対して，進捗状況を逐一報告し，病棟スタッフが家族に対して，「退院の件はどうなっているか」などと問うことで家族に圧力をかけることのないよう配慮した．関係機関とは，身体障害者生活センターと連絡を密にし，退院後より円滑に在宅福祉サービスを利用

できるようにした．

　退院後は，かかりつけ医へ転院し，通院リハビリを利用するとともに，在宅福祉サービスの利用により妻の介護負担の軽減を図り，妻の就労再開に至った．

　傷病や療養の状況から予想される患者・家族の不安に対処しながら問題解決を図るとともに，退院計画を優先する病棟と当事者との無用な葛藤を予防し，在宅療養と早期退院の両立を実現した事例である（小嶋章吾）．

> **事例 26**　保護申請と独居生活への支援によりリハビリへの意欲を回復し退院に至った事例
>
> 【疾患名】脳内出血後の片麻痺　50代　男性
> 【要約】入院前は無職で高齢の親宅で年金と兄の仕送りに頼っていたが，片麻痺となりリハビリの意欲が持てず，他患やスタッフといさかいを起こしたり，兄弟関係が悪化していた矢先に，兄の急な失業により仕送りができなくなった．兄弟ともども経済的な自立への意向をもとに，兄の協力を得て福祉事務所とケアマネジャーと連携しながら，保護申請と独居生活への支援を行い，退院に至った．退院後はリハビリの意欲が見られ見守りを続けている．

　50代の患者Aさんは，脳内出血後の片麻痺で，転職を繰り返した後の失業時の発症であった．当初リハビリへの意欲が持てず，療養型病院への転院が予定されていた．兄弟からの仕送りは入院中だけの援助が限界となった．医療ソーシャルワーカーは，「家族に迷惑をかけたくない」というAさんの気持ちを尊重しながら面接を重ね，ソリューション・フォーカスト・アプローチによって，退院後の生活イメージの形成と自立への意思を引き出した．その結果，リハビリへの意欲が見られるようになり，生活保護申請により経済的な自立を希望するようになった．福祉事務所やケアマネジャーとも連携しながら，在宅福祉サービス利用を図り，自宅への退院をめざすことになった．この頃より，トラブルの多かった病棟生活にも適応できるようになった．リハビリ担当者とは住宅改修のための家屋調査を行い，看護師には内服管理の

指導を依頼した．賃貸住宅業者には生活保護の基準内での契約を依頼し，福祉用具・住宅改修業者には退院までの期日内での環境整備を依頼した．退院後は通所リハへの来院時に様子を聞き，Aさんの自信を強化するとともに，「自宅で入浴したい」との希望がケアプラン修正に反映されるよう調整した．次第に前向きな生活を送れるようになり，散髪に外出したいとの意欲も生まれ，理容店スタッフによるボランティアでの送迎を得ることができるなど，以後，兄弟も安心してAさんを見守れることができるようになり，Aさん自身も安心して在宅での療養生活を送っている．

治療・退院計画の円滑な遂行と，患者・家族の社会参加の促進，適切な医療の確保・継続，医療費全体の軽減に貢献できた事例である（小嶋章吾）．

事例 27　医師から困難視された自宅退院を家族の意思を尊重して調整援助し実現した事例

【疾患名】正常圧水頭症，肺炎　70代　男性
【要約】正常圧水頭症によるシャント手術後に肺炎を発症したため，3度目の入院となった．在宅生活の難しさが医師から家族に告げられたが，自宅退院を望む家族の意向を医療ソーシャルワーカーがスタッフに代弁した．誤嚥を防ぎ在宅での介護をしやすくするために胃ろうの造設がスタッフ間で提案され，その意味と管理方法について家族の理解を助ける説明をして同意を得，経口摂取・経管摂取併用の在宅生活に向けたチーム医療を調整．ケアマネジャーに引継ぎ，在宅へ移行した．

高齢の要介護者は，入退院を繰り返すたびに機能低下が進み，「今度はもう家庭復帰は難しいのでは」と見られることも少なくない．

このケースでも，さらなる入退院の繰り返しを懸念した医師から自宅退院の難しさが告げられていたが，「家に連れて帰りたい」と希望する家族の相談を受けた医療ソーシャルワーカーが，それに応えようと，他のスタッフにも働きかけたことから，在宅生活の再開に向けた調整が行われるようになった．

誤嚥のリスクを避けるために，看護サイドからの提案で検討されるように

なった胃ろうの造設については，その後の衛生管理方法を高齢の配偶者が習得して在宅で実行できるようになるかどうかが大きな課題となったが，院内で手技の指導を受けてそれをマスターできたことで自宅退院が可能となった．

さらに，食事の経口摂取を完全に諦めるのではなく，トロミつきの食品であれば経口摂取も可能であることが確かめられて経管栄養との併用へと進展できたことは，患者のQOLにとって意義のある支援といえる．

医療ソーシャルワーカーは，地域のケアマネジャーや往診医とも連絡を取り，退院後のバックアップ体制を築いたほか，退院後も外来受診時などに家族に声をかけ，日頃の生活状況を確認するようにしながら，心理的にサポートし続けている．

そうして当事者を見守る支援者の存在が実感されることによって，家族介護者がエンパワーされていくことがこの事例から伺われる（横山豊治）．

事例28　歩行障害・アルコール依存の患者の自宅退院を実現し，さらに躁うつ病の妻の自宅退院に備えた生活の立て直しを支援

【疾患名】流行性脳脊髄膜炎後遺症，アルコール依存症，慢性肝炎　50代　男性
【要約】患者は幼少より軽い歩行障害が有り，脳内出血後躁うつ病となった妻と2人暮らしだった．以前からよく飲酒していたが妻の介護疲れから酒量が増し，職場で倒れたことを機に欠勤を続け，その後歩行困難となり入院．患者の入院で妻は生活困難となり介護施設へ入所した．退院許可が出て患者と家族は在宅を希望し，医療ソーシャルワーカーは身障福祉サービスの調整を行い自宅退院を支援．その後も生活の建て直しと自宅への妻の迎え入れを支援した．

この事例の患者は，幼少時の脳脊髄膜炎の後遺症による軽度の歩行障害を抱えながらも，何とか仕事を継続していたが，職場で倒れたことをきっかけに，1年程前から出勤せずアルコールに浸る生活となった．その後妻が脳内出血で入院，さらに躁うつ病によるリストカットで再入院したことで，患者は医療ソーシャルワーカーの支援を受けるようになる．

妻の容態が落ち着いてからは，2人で在宅で生活していたが，介護による疲れから飲酒量が増え，やがて歩行困難，アルコール依存症で入院に至った．患者の入院で妻も生活困難となり，介護施設に入所する．患者のADLは内科的な症状が落ち着いても回復しなかったが，患者，家族共に在宅生活の希望が強かったため，医療ソーシャルワーカーはその思いを尊重し，身障福祉サービスの調整を行って在宅への退院を支援した．

現在は自宅に退院した患者と飲酒をしない約束を交わして生活を立て直し，妻を迎え入れる準備をする患者を支えている．夫婦それぞれの身体障害と精神的な状況を考えると，自宅での生活は困難な事例であるが，医療ソーシャルワーカーは患者の自宅退院に対する強い思いから，それを可能にする意思を汲み取った．以前のように妻と自宅で生活するという目標ができたことで，患者は生きがいを取り戻し，アルコール依存からも立ち直りつつある．妻にとっても自宅での生活は精神的に落ち着けるもので，夫婦共に在宅への退院には大きな意味がある．医療ソーシャルワーカーが夫婦を支える精神的な支柱となり，退院を可能にした事例である（永野なおみ）．

事例 29　医療ソーシャルワーカーの援助が自己中心的で病識のない患者の変化を促し在宅での生活を可能にした事例

【疾患名】糖尿病，糖尿病性腎症　60代　男性
【要約】患者は自己中心的で病識もなく，入院中間食する等ルールを守れず自己退院するが，経済的事情もあり通院治療も中断．病状が悪化し，透析治療を受けることになる．医療ソーシャルワーカーは医療費支払いのための手続き等社会資源の利用を幅広く援助し，関係機関との調整を行った．患者は医療ソーシャルワーカーとの信頼関係を基に病識を高め，病院スタッフとの関係を改善し，仲間を作る等前向きな姿勢を示すようになり自宅退院が実現．現在も継続している．

この事例の患者はわがままで自己中心的な言動により，医師，看護師等との関係も悪く，治療の中断から透析導入に至る．医療ソーシャルワーカーの

援助は，まず患者をしっかりと受容することから始められ，暖かく誠実な態度で粘り強く対応し，信頼関係の構築に努めた．一方支援のために必要な社会資源について情報収集し，滞納していた国保料や介護保険料を追納して利用可能とし，身障手帳の申請等具体的な退院準備も進めていった．区役所や銀行等への手続きを，医療ソーシャルワーカーによる「代行」から始めて徐々に「同行」に移行し，やがて「自立」へと患者のペースに合わせて支援していった．

患者はこの過程で少しずつ自分の生活に展望を持つようになり，自宅にもどって生活するために前向きな姿勢を示すようになる．また病識も生まれ間食や水分の摂取制限が可能となり，スタッフとの関係も改善して感謝の言葉もみられるようになった．さらに妻子と別れて以後人との関わりを避けてきた患者が，同病の仲間を作るようになり，ついに自宅退院を実現する．

この過程から，医療ソーシャルワーカーの援助がいわゆる素行不良患者の孤独で自暴自棄的な生き方を変えるきっかけとなり，成長を促す大きな支えとなったことが読み取れる．医療ソーシャルワーカーの中にある確固たるストレングス視点が，対応困難患者への援助を可能にしたと言える．長い年月を生きてきた患者の変化は容易ではないが，この事例から医療ソーシャルワーカーが利用者の本質に働きかけるその意義を確認することができる（永野なおみ）．

> **事例 30** 経済的理由から治療をためらう患者の受療を援助し，通院体制も整えて退院を実現した事例
>
> 【疾患名】糖尿病，慢性腎不全，閉塞性動脈硬化症　50代　男性
> 【要約】糖尿病等で生活保護，訪問看護・介護を受けていた50代の単身者が慢性腎不全となり，透析導入のため入院．閉塞性動脈硬化症で両足切断が必要と診断されるも，手術承諾書に署名してもらえる親族がいないため病棟主任から依頼を受ける．患者は入院が続くことで生活扶助停止を心配し，治療途中に退院を申し出るが，障害者加算等の社会資源活用を支援して経済的不安を解消．手術後は透析通院介助を含む在宅支援体制を関係機関と連絡調整して，退院となった．

　糖尿病はいくつもの二次的な健康障害を引き起こす慢性疾患として知られるが，この事例では慢性腎不全，閉塞性動脈硬化症へと進んだ結果，人工透析を導入し，両足を切断する事態に至った．これらの医療処置を行うにはいずれも手術承諾書が必要となるが，家族・親族の有無など人間関係や患者の社会的背景が問題になる場面が，医療現場には多々ある．この事例も手術承諾書に署名する親族の不在を契機に病棟から医療ソーシャルワーカーへの介入依頼が行われている．もともと生活保護で自宅療養をしていた患者だが，自宅を離れての入院生活が長引くことで，生活扶助の支給が打ち切られるのではないかと心配し，治療上必要な手術を受ける前に退院を申し出ている．

　経済的な不安がネックとなって必要な入院治療を受けようとしない典型的な事例だが，ここでは医療ソーシャルワーカーが障害者加算等の社会資源が活用できることを本人に説明して，理解を得，経済的不安を緩和して，必要な受療の継続を果たしている．

　退院後も当然，透析のための通院を週3回続ける必要があるが，入院前に利用していた居宅サービス事業者が，透析通院介助が必要となった患者の支援を困難視したことから，新たな事業者の確保が課題となった．そこで，医療ソーシャルワーカーが関係機関にあたり，引き受け先を確保した．そうした粘り強い交渉の末に，退院が実現したものであり，地域における院外のサービス提供機関に関する情報を収集したり，患者の状態やニーズについて

対外的にも説明して理解を求める援助が行われることで，膠着しそうな事態が打開できた例といえる（横山豊治）．

事例 31　重複障害者となった単身者の生活環境整備を支援して退院を実現した事例

【疾患名】ベーチェット病，膀胱癌，全盲　40代　男性
【要約】膀胱癌治療後，人工膀胱となり，内部障害を合併．医療ソーシャルワーカーは患者・家族の精神的支援をしながら，身障手帳申請，福祉用具購入，支援費制度利用，訪問看護・介護等を助言．生活保護受給者であったことから患者の状態を福祉事務所に説明し，保護費の調整を図る．訪問看護によるストマ管理の体制づくりや，自宅トイレへの簡易洋式便器設置，訪問介護の家事援助などの手配を援助し，在宅へ移行した．

　従前の視覚障害に加えて，膀胱癌摘出治療後に内部障害という二重の身体障害を抱える身となった単身者を支援した事例である．

　全盲のためもともと1級の身体障害者手帳はもっていたものの，人工膀胱造設以後のストマ管理には，「内部障害」の認定も受けておく必要があり，医療ソーシャルワーカーは障害福祉関係の諸手続きのサポートに努めた．

　特に，そうした手続きの一連の流れを，不慣れな親族にもわかりやすく書面に記しながら説明するなど，相手のソーシャルスキルに応じた丁寧な援助によって，種々の環境整備が進められることになったのである．

　また，生活保護受給者であったことから，福祉事務所の担当ワーカーに対しては，入院中の患者の状態や今後必要となる物品の用意などについて本人に代わって説明するなど，アドボケーターとしての役割を果たした．

　自宅トイレへのポータブル便器の設置や，訪問看護の日程調整なども本人と相談しながら進めた上で，退院を実現させ，その後は家事援助のホームヘルパーの利用へとつないでいる．

　ストマの衛生管理を全盲の人が一人暮らしで果たしてできるだろうか，というところに一般的な懸念が寄せられるものと思われるが，ストマ専門看護

> **事例 32** 医療依存度が高い患者への退院援助
>
> 【疾患名】脳梗塞後遺症　80代　女性
> 【要約】バルンカテーテル留置や痰の吸引，IVHと医療的な管理が必要であるが，本人は自宅退院を希望する．家族も自宅退院の方向で考えているものの，本人が熱発を繰り返すため，自宅療養に対する不安を抱いている．医療ソーシャルワーカーは，本人と家族の不安を軽減する面接をしながら，往診医の選定，ケアマネジャーや訪問看護等とのカンファレンスを実施し，家族へ医療的手技の指導等の退院支援を行うことで，退院後，本人と家族の満足感を得ることができた．

　この事例は，脳梗塞の後遺症によりベッド上の生活を余儀なくされ，痰の吸引，IVHなどの医療的な管理が必要な患者の退院支援を行っている．医療ソーシャルワーカーは，まず，何度も訪室し，本人や家族との信頼関係の構築と退院への不安を傾聴する面接を行っている．医療ソーシャルワーカーの支援は，介護保険と身体障害者手帳の申請を行い，IVH管理や頻繁な往診が可能な往診医とケアマネジャーの選定等を家族の意向を十分に聴きながら行った．そして，吸痰とオムツ交換の指導を行うことで介護者の介護力の向上を図っている．また，療養指導を主介護者ばかりでなく，本人と交流のある親族に行うことで，主介護者の介護負担軽減にも努めている．

　その後，家族と在宅サービスの担当者と退院時カンファレンスを実施し，退院後の在宅サービスの確認と，在宅サービスの担当者の同席の下に家族への指導内容の共有を行っている．また，不安定な病状での退院準備であった事や，退院準備時に施設サービスを併設している在宅サービスの担当者の介入があったことで，本人が施設入所をするのではと不安になってしまった時などに，医療ソーシャルワーカーは，その時々の状況に応じて表出される様々な不安に丁寧に応じ，本人と家族の不安感を軽減しようとしている．退院後は，地域住民との関係が戻り，来訪者が増え，本人も自宅退院を心から喜ん

だ．

その後も，ケアマネジャーより自宅での療養状況が細かく連絡され，院内職員と自宅での状況を共有することで緊急時の対応も可能にした．その後，高熱を出し，再入院の後に死亡退院となるも，医療ソーシャルワーカーと在宅サービスの担当者が，きめ細かいネットワークを構築し支援することで満足感のある退院を可能にした事例である（梶原敏臣）．

> **事例 33** 妻の介護疲れ軽減のための一時入院の機会を活用して社会資源を調整し，在宅医療の継続を支援
>
> 【疾患名】頚髄損傷，四肢麻痺　60代　男性
> 【要約】四肢麻痺のため ADL は全介助レベル，コミュニケーションは良好である．外来受診および訪問看護と訪問介護を利用しながら在宅生活を送っている．外来受診時に患者より希望があり，介護に疲弊した妻の休養のためリハビリテーション目的での一時入院となった．医療ソーシャルワーカーは，入院中に社会資源を紹介し，スタッフと共に家族のショートステイ見学に同行しサービス予約を実現した．退院後も患者と妻の様子に何らかの変化があれば医療ソーシャルワーカーに連絡が入る体勢を整えた．

医療ソーシャルワーカーは，患者と患者をとりまく環境との間に働きかけることが求められる．患者・家族と医療機関やサービス提供機関との間に働きかけることもあれば，患者と家族との間に働きかけることもある．この事例では，医療ソーシャルワーカーは患者の ADL 向上と適切な介護方法の指導が実現するようスタッフに連絡・調整を行うことにより，患者と妻の身体的・精神的疲労の軽減を図った．また患者・家族が安心してサービスを利用できるようにサービス提供機関と家族との間でも調整を行った．ショートステイの見学に二の足を踏む患者・家族に対して時期を逃さずに介入し，サービス利用につなげている．医療機関では限られた期間の中で効果的援助を検討せねばならないことも多い．

在宅で患者を介護する家族をいかに支えるかは，在宅療養の継続において

重要なポイントである．精神的負担感と介護負担感と使命感や生きがい，愛情や憎しみといったアンビバレントな感情のなかで疲弊してしまう家族は少なくない．そのような介護者の精神状態を患者は感じ取ってしまう．在宅生活を支援するためには，家族全体を視野に入れた援助を展開せねばならない．また24時間365日続く日常生活では，患者や家族の心身の状況や彼らをとりまく環境は変化する．その変化を迅速にとらえるシステム作りも必要不可欠である．

　この事例における医療ソーシャルワーカーは，患者や妻の不安や負担感に耳を傾けた上で具体的なサービスや情報を提供し，見学に同行することによって，限られた期間の中で家族を再構築している（竹中麻由美）．

> **事例 34**　投げやりな気持ちになっていた患者にエンパワメントしながら在宅支援を行った事例
>
> 【疾患名】脳梗塞　60代　女性
> 【要約】脳梗塞で入院後，ADLは，杖歩行で見守りの状態である．自宅はアパート2階で手すりのない階段であったために自宅退院が困難であった．息子に経済的支援をしているため，家賃滞納等，経済的問題もあった．医療ソーシャルワーカーは，感情的になりやすい本人の気持ちをロールプレイ等を活用して整理し，退院に無理解な息子に対して家族の役割の認識を促す一方で，ケアマネジャー等と退院前訪問を実施した．退院後は，訪問介護等を利用することで在宅療養を継続している．

　この事例は，脳梗塞の後遺症で左麻痺が残った単身患者の退院支援を行っている．当初，本人は，住居が手すりなしのアパート2階であったため，自宅に退院することが困難と思っていた．息子へ経済的支援を行うために借金があり，治療後のことについても投げやりな様子で，自分の意志を示すことはなかった．医療ソーシャルワーカーの介入後，本人の療養の様子が変化し，借金の分割返済やケアマネジャーやリハビリスタッフとの退院前訪問・退院時訪問など，退院の準備を本人とともに意欲的に進めることができた．

　一般的には，医療ソーシャルワーカーが，地域や各関係者との窓口となっ

て様々な調整や諸手続きを行うことが多いが，この事例は，不動産会社との家賃の支払い交渉の方法やホームヘルパーなどの在宅関係者との関係づくりの仕方等について，ロールプレイを用いて本人自身が取り組むことができるよう側面的な支援を行っている．そして，自宅における節約等，本人の肯定的な面を支持するなどエンパワメント機能を活用して在宅療養を支えている．また，心理面でも，息子に対する本人の複雑な気持ちを支持しつつ，息子への介護期待などの様々な感情の整理も支援している．

　退院後も，通所リハのスタッフと装具使用の再検討やホームヘルパーとの関係で感情的になった時の対応方法をロールプレイを通して本人と学習するなど，本来の「自己決定の尊重」を志向した形でのきめ細かい支援を行うことで，退院とその後の療養継続を可能にした事例である（梶原敏臣）．

事例 35　透析目前の患者が糖尿病を自己管理し，要介護状態の母親と共に在宅療養できるよう援助

【疾患名】糖尿病（透析目前，シャントあり）　70代　女性
【要約】糖尿病の管理が悪く透析目前の患者は，制限の多い入院を嫌いまた同居の母親を心配して在宅療養を希望した．兄弟は在宅では食事が乱れ，母の介護疲れで病状が悪化すると入院の継続を望んだため，医療ソーシャルワーカーは医師も交えて患者と家族の話し合いを繰り返し，自宅退院の方針を確認した．さらに試験的に外泊を行って，患者がヘルパーや配食サービスを利用して自己管理し，母親との生活を維持できるか確認のうえ退院を実現した．

　この事例の患者は90代の母親と2人暮しだったが，糖尿病が進行しすでに人工透析のためのシャントも造設されていた．入院により病状は安定したものの，病院での生活にストレスを感じており，また母親を心配して自宅退院を強く希望していた．しかし患者の兄弟達は，在宅では母親の介護による疲労と食生活の乱れからさらに病状が悪化すると心配し，入院の継続を望んだ．

　このように患者本人と家族の意向が異なることはしばしばありその調整は

容易ではないが，これは患者のその後の生活を左右する重要な役割である．医療ソーシャルワーカーは主治医を交えて患者，兄弟との話し合いを繰り返し，ケアマネジャーに母親の状態を確認して，自己管理のための最低限の約束を守ることを条件に患者の意向を尊重した自宅退院を方向づけた．この間患者の訴えを丁寧に受けとめ，チームの協力を得て病状に危機感の薄い患者に透析について学ぶ機会を作る等，自己管理能力を高めるべく様々な働きかけを行った．さらに外泊を行って，帰院後はその際の気づきを生かして在宅サービスの再調整を繰り返した．こうした入念な準備により，患者は自信をもって退院し順調に在宅での生活を継続している．当初は反対していた兄弟たちも，安心して退院を受け入れることができた．在宅での生活を継続するためには，別世帯であれ良好な家族関係が保たれることの意味は大きく，患者の精神的な支えともなる．この事例の在宅への退院は，医療ソーシャルワーカーの援助が可能にしたものと言える（永野なおみ）．

事例 36　夫の病院への不信感と患者の退院への不安を受け止めながら，在宅療養環境を整え退院に至った事例

【疾患名】胃癌末期　60代　女性
【要約】悪性腫瘍の全摘出術後，通院していたが，再入院となり，ターミナルの状態で，夫は病院に不信感を持ち退院を主張．患者は病状悪化に伴い退院に不安を持つが，消極的ながら夫とともに退院の希望に傾いていた．夫の不信感と妻の退院への不安を受け止めながら，訪問看護師やケアマネジャーなどとともに安心して退院できるよう，在宅療養環境を整えた．

退院前の段階では，すでに終末期の状態だが，患者には告知されており，在宅で最期を迎えたいとの希望を持っていた．しかし，患者は病状が悪化するにつれて，気持ちが日々変化した．夫は病状悪化に伴ない主治医や病院へ不信感を募らせ，患者を自宅に連れて帰ると言い出すこともあった．

こうした患者と夫の気持ちに対して，医療ソーシャルワーカーは，①患者に対しては，変化する気持ちに傾聴しながら不安の解消のために具体的な情

報提供を行い，②夫に対しては，主治医や病院への不信感について時間をかけて傾聴しながら，在宅療養に必要な諸サービスについて説明した．③医療スタッフに対しては，患者と夫の不安や不信感の軽減のため，重要な説明は同じスタッフから行うことなどを提案した．④関係機関に対しては，急な退院への対応のため，訪問看護を調整した．

退院前後には，①患者に対しては，夫へのIVHポンプなどの退院前指導にあたって，体調をみながら参加してもらった．②夫には在宅療養に必要なサービスについて混乱しないよう一緒に調整を行った．

また，患者と夫の信仰している宗教の話についても共感的に傾聴し，退院を急ぐ気持ちへの理解につながった．③医療スタッフには，退院後の不安の軽減のため，関係機関，内服薬，緊急時の対応などについての一覧表の作成を依頼した．

医療ソーシャルワーカーは，患者と夫の退院・在宅療養の希望の背景にある主治医や病院への不信感や宗教上の理由などを理解したうえで，その不安を具体的に取り除きながら円滑な退院，在宅療養の実現を支援した（小嶋章吾）．

事例37　認知症の妻を介護する透析中の患者の在宅療養への強い希望に沿い支援した事例

【疾患名】腰椎圧迫骨折，認知症　90代　女性
【要約】患者の透析導入により，認知症の妻とともに入院となっていた．患者は妻の在宅介護に不安があったが，在宅での生活に強い希望を持っており，リハビリスタッフやケアマネジャーとともに退院，在宅療養に向けての支援を行った．患者はもともと妻の介護に積極的であったが，他者に頼ることができず介護に疲れていた．今回の退院を契機に，介護サービスの活用ができるようになり，在宅生活を続ける目途が立った．

医療ソーシャルワーカーは，2人で長く在宅生活をしたいというニーズをもとに，在宅生活に必要なサービスの調整を支援した．

退院前後には，①妻に対しては，医療ソーシャルワーカーが妻のリハビリの様子を患者とともに見たり，訪室しコミュニケーションを深めることによって信頼関係を築きながら，在宅生活に向けての家屋調査に同行してもらうなど，妻の参加を促している．②患者に対しては，ニーズや目標を明らかにする作業を共に行いながら，介護指導や導尿の指導を受けてもらったり，妻のリハビリの様子を見てもらい現状の理解を促すとともに，家屋調査に同行し退院後の生活に向けての準備を積極的に行っている．③医療スタッフに対しては，夫婦の意向を主治医をはじめ医療チームに共有してもらいながら，主治医には今後の治療方針や退院時期とともに在宅生活に伴う留意点などについて確認した．リハビリスタッフには，患者に妻のリハビリの状況を説明してもらったり家屋改修などに参加してもらった．看護スタッフには，介護指導や導尿指導をしてもらいながら，患者と妻の思いを聞いてもらった．④関係機関には，ケアマネジャーには家屋調査にも参加してもらいケアプランの作成を依頼した．その他，デイケア，住宅改修業者，訪問介護事業所などと連絡調整を行った．

退院後は，妻についてはケアマネジャーを通じて，また患者については透析の通院時に面接しフォローアップしている．

当事者のニーズに沿い，関係職種や関係機関と連携しながら在宅サービスを調整し，安心して退院，在宅生活への移行を支援した（小嶋章吾）．

> **事例 38** 病状の受容や理解が乏しかったが，カンファレンスを重ね退院を支援した事例
>
> 【事例】筋萎縮性側索硬化症（ALS）　40代　男性
> 【要約】筋萎縮性側索硬化症（ALS）にて生活保護を受けながら通院していたが，呼吸不全のため入院となった．本人は病状の急激な進行を受容することが難しく，また家族（妻ら）の病状理解が乏しいため，当事者と障害児者相談支援センターや介護サービスの関係機関とのカンファレンスを重ねていった．治療経過良好のため，リハビリにより人工呼吸器からの離脱ができ，本人と家族の希望をふまえ，介護保険サービスの活用により退院となった．

医療ソーシャルワーカーとの信頼関係は入院前より形成されていたが，患者は急激な病状の進行の受け入れが困難で，苛立ちを他者にぶつけることが多く医療スタッフとの信頼関係の構築が困難であった．家族は複雑な家族関係を背景に退院後の生活のイメージを持ちにくい状況であった．

医療ソーシャルワーカーは，①社会性に乏しい本人や約束が守れず要求の多い家族との調整をしながら，退院・在宅療養を希望する本人と家族の状況やニーズの実現を図った．②医療チームには，患者や家族がカンファレンスに参加することに理解を求め，また，リハビリの指導を自宅ですることにより患者や家族が退院後の生活のイメージを膨らませやすくなることから，家庭訪問による指導を依頼した．③福祉事務所，障害児者相談支援センター，居宅介護支援事業所，訪問看護事業所へは，カンファレンスへの参加を呼びかけ患者や家族の状況やニーズへの理解を求め，具体的な支援体制の整備につなげた．

退院後は，外来時・訪問時にモニタリングを行ってきたが，状況やニーズの変化を関係機関と共有しながら，福祉用具の変更などの対応をしている．

対応困難な事例であるが，医療ソーシャルワーカーはあくまでも本人と家族のニーズを叶えるために，医療チームや関係機関へ働きかけ，必要な支援体制を確立していった（小嶋章吾）．

> **事例 39** 単身の患者の自宅退院に反対した家族へのはたらきかけにより，在宅療養に対する認識が変化し患者本人の望む生活を実現
>
> 【疾患名】脳梗塞　80代　女性
> 【要約】右片麻痺のリハビリのため入院した単身の患者は，在宅での生活を希望したが，別世帯の家族は反対し施設入所を望んだ．本人の強い意志と医療チームの単身での在宅生活可能との判断から，医療ソーシャルワーカーは在宅サービスの利用で負担をかけずに本人の望む生活が可能と家族の理解を得るよう援助し，自宅退院の準備を行った．退院後，家族は定期的に本人の状況を確認する等良い関係を保っており，自宅退院に本人共々満足している．

　この事例の患者は自立心が強く，麻痺を抱えながらも施設入所を拒否し，自宅にもどることを希望した．患者は1人暮らしのため，近くに住む家族（弟）は在宅生活に否定的だったが，医療チームの全員が，本人の強い意思と在宅サービスの利用により単身での生活が可能と判断した．医療ソーシャルワーカーは家族と面接を行って，地域で利用できるサービスの種類や内容を説明し，障害があっても在宅での生活が可能であることの理解を得，家族の不安や負担の軽減に努めた．この支援により家族は考えを変化させ，在宅復帰に向けての協力が得られるようになった．

　医療ソーシャルワーカーはケアマネジャーを確保し，リハビリスタッフと共に自宅を訪問する等，病院の内外と連携をはかりながら準備を進めて円滑な退院を実現した．退院後は家族が毎週訪問して患者の様子を確認する等良好な関係を保っており，患者，家族共に在宅での生活を選択してよかったと実感している．患者は苦労しながらも現在の生活の継続を望んでおり，医療ソーシャルワーカーは受診の度に状況を確認し励ましながらその意思を支え続けている．当初から自宅退院を強く希望していた患者であるが，単身での在宅生活には困難が予想され，家族の了解が得られない状況には不安もあったと思われる．医療ソーシャルワーカーの退院後の体制を整えるための丁寧な支援と共に，その過程を通じて築かれ強化された信頼関係が，孤独な立場

の患者を支え続け自立した生活の維持に大きな力となっていることが読み取れる（永野なおみ）．

事例 40　障害の受容を助け，在宅療養に必要な準備を整えて円滑な自宅退院を実現した事例

【疾患名】廃用症候群，慢性閉塞性肺疾患　80代　男性
【要約】患者は常時酸素の吸入が必要で歩行も不安定ながら，自宅退院し自営の仕事にもどりたいと希望していた．しかし回復には限界があり，日中独居であるため安心できる療養環境を整える必要があった．医療ソーシャルワーカーは本人と家族が退院後の生活を具体的に考えられるよう，リハビリスタッフも同行しての外泊を行った．これにより本人は以前のように仕事や家事ができないことを実感し，退院のために必要な準備を円滑に行うことができた．

　この事例の患者は常時酸素の吸入が必要だが，茶の販売をしていた入院前の生活にもどることを希望し，家族にもそれを尊重したい思いがあった．しかし今後も酸素を外すことは難しく歩行も不安定であることから，医療チームは本人の望むレベルの回復には疑問符をつけた．そこで医療ソーシャルワーカーは，患者が障害を受け入れ，従前とは異なる状況で在宅生活を構築できるよう支援した．まず本人の気持ちを十分に傾聴し，家族の介護力や在宅サービス利用の希望等を確認しながら，現実の生活と照らし合わせて退院後の生活がイメージできるようにした．さらにリハビリスタッフを同行して外泊を行い，在宅で生活するうえでの困難の理解を図った．これにより本人はこれまでのように家事ができないこと，店に出るのも容易でないことを実感し，障害受容のきっかけとなった．また家族の退院準備も具体的になり，医療ソーシャルワーカーは必要な物品やサービスを整えて，ケアマネジャーや退院後の主治医を確保した．

　退院後は安定した生活が続いており，自宅退院できない場合に備え入院予約していた病院には断りを入れた．このように退院後の生活が本人の思い描く従前の生活と異なることは多く，患者や家族には現在の身体レベルで可能

な生活を，事前によく理解し納得するためのはたらきかけが重要となる．医療ソーシャルワーカーが患者の心情に配慮しつつ，現実を受け入れて新しい生活ができるよう支援したことで，円滑な退院とその継続が可能となった（永野なおみ）．

> **事例 41** 癌患者の望む在宅療養を関係者・機関と連携して──
> 　　　　　 継続させ，最期まで支援した事例
>
> 【疾患名】肺癌，骨転移，褥創，糖尿病　80代　男性
> 【要約】肺癌の治療を望まず息子と2人暮らしを続ける80代の患者．骨転移に伴う痛みの出現により検査入院したが，治療費を心配して退院．そのまま最期まで在宅生活を続けたいと希望した．常時オムツ使用で褥創がある．介護保険は保険料滞納によりサービス利用が困難な状況であった．開業医の往診，訪問看護ステーションからの訪問，保健所保健師の訪問等の支援体制を構築し，それらとの連携で介護者である息子も支えつつ，在宅死まで見守った．

　肺癌が進行していながら本人が積極的な治療を望まず，検査入院した病院からも早期の退院を希望．治療費の負担も気がかりなようであったが，治癒の見込みがないのであれば病院に留まるよりも自宅で過ごしたいというのが本人の意思であった．

　近年は，在宅ターミナルケアの実践例も増えつつあるが，この事例でも本人が「最期まで自宅で過ごしたい」と明確に意思表示をしたことから，医療ソーシャルワーカーは他のスタッフとともに「本人の意思を尊重する」という方針を確認し，退院前後に院内外の関係者・機関とサービス調整を行っている．

　この事例で特徴的だったのは，介護保険料の滞納により，80代の高齢患者でありながら介護保険サービスが一切利用できなかったことである．その結果，医療保険と老人保健法で利用可能な往診，訪問看護，保健所保健師の訪問を可能な限り活用しながら，在宅療養を支える体制を築くこととなった．

　退院後は家族の介護疲れにも注意しながら見守り，本人の望んだ在宅死に

至るまで支え続けたが,疼痛のコントロールなど専門医の継続的な関与も十分得られれば,在宅での安らかな終末を望む患者はこれからも増えてくる可能性がある.消極的な理由からではなく,積極的な選択肢として在宅死を望むような患者のニーズにも応えられる在宅緩和ケアの体制づくりに,医療ソーシャルワーカーが関わる事例も今後増えてくるであろう(横山豊治).

2　変革へのアプローチ

　在宅医療における医療ソーシャルワーク実践の101事例に共通する姿勢は専門職としてのチャレンジ精神である．病態的にもADL上でも家族の介護力の面でも在宅療養生活が困難な事例の退院・在宅療養支援には家族や医療チーム，関連職種，地域などさまざまな領域へのねばり強い変革へのアプローチを要したことが読者諸氏にもお判りいただけたであろう．アンケート設問「医療ソーシャルワーカーが関わることで関係機関にどのような効果をもたらしたのか」を取り上げ，ここでは特に医療ソーシャルワーカーの関与が「社会資源の活用・拡充・開発につながった」と回答した事例に注目する．効果が「かなりあり」と高く評価した事例は33事例（以下，チャレンジ事例と称する）で全体の3割強である．社会資源の活用・拡充・開発が在宅療養支援に大きなウエイトを占めていることを示しているだろう．

　その内，ことに「社会資源開発のあと」が調査票から読み取れる記述を第2章在宅支援物語に登場した事例の中から選びチャレンジ項目として例示しておく[1]．

事例6　在宅療養を希望するALS患者の療養環境整備（p.64の事例）

【疾患名】筋萎縮性側索硬化症（ALS）　60代　男性
【チャレンジ項目】呼吸器の管理をしてくれる往診医と緊急時に引き受けてくれる近隣の救急病院に紹介．電力会社に呼吸を稼動させるために，停電時の対応を打診．消防署に救急時の対応や搬送先について協議，連絡する．パルスオキシメーター[2]ついては，難病の日常生活用具事業にて給付．介護用ベッド・マットのレンタルをケアマネジャーに依頼．訪問看護ステーションに介入依頼．気管切開部の消毒，清潔援助，全身管理等を依頼する．カニューレの交換法については，8ミリビデオに録画後，処置マニュアルとともに，往診医と訪問看護ステーションに郵送．

第3章 在宅医療ソーシャルワークの専門性 179

事例 21　介護保険制度及び身体障害者福祉制度対象とならない患者への退院支援（p.127の事例）

【疾患名】全身性エリテマトーデス　40代　女性
【チャレンジ項目】難病患者等居宅生活支援事業（窓口：保健所）を利用することとし，関係スタッフに事業の内容を紹介する．家屋調査に際し，大家にも同席を求め，住宅改修の必要性についての検討をする．大家より，制度上の支援が求められない場合は，大家側の負担にて改修に協力するとの申し出がある．

(1) チャレンジの特徴

チャレンジ事例を概観して言えることは，①連携機関の多様化，複雑化である．地域ケアマネジャー，訪問看護ステーション，居宅介護支援事業所などはもとより，地域の薬局，児童相談所，民生委員，医療機器メーカー，在宅酸素業者，電力会社，NTT，消防署，家主，マンション助け合い会，理髪店など多種多様である．これらの機関を患者，家族のために有用な資源に変換する（社会資源化）ためには前例がないことに挑む気概が要るだろう．

また，②既存の社会資源の前例や制限枠を超えて活用を試み，その資源の拡大を図った例も見られる．世帯分離による生活保護適応と間借りからアパートへの退院による生活保護適応がこの典型である．

(2) 変革へのアプローチにおけるソーシャルワーク機能
　　（KJ法による分析）

困難事例にチャレンジした実践についてKJ法を用いて質的に分析した．KJ法は各種の複雑なデータを整理して構造化をはかる方法として有効である（川喜田 1967）．本稿では，チャレンジ事例の複雑多岐にわたる援助内容を構造化するためにカテゴリー分類した（表Ⅲ-1）．

表Ⅲ-1　KJ法によるカテゴリー分類

	本人との関係	家族との関係	チームとの関係	関係者との関係	地域との関係
退院前	**患者主体をめざした濃厚な援助**（患者に配慮した粘り強く濃厚で頻回に及ぶ援助を実践）	**複雑で多様な状況把握と調整**（多様な選択を伴う複雑な調整と援助を実践）	**多様な多職種との頻回の調整**（多様な部署、専門職、個人との頻回の調整や依頼の実行）	**情報収集と確認**（退院準備のための情報収集と確認）	**窓口役割**（地域に密接に関わる窓口としての役割を果たしている）
退院直前	**具体的な環境整備**（退院を前にした具体的で細かい調整による環境調整）	**具体的で実際的な環境整備**（退院を目前にして緊急時対応を含めた実際的な環境整備を実施）	**様々な職種との細部にわたる頻回の情報交換**（方針統一へ向けて様々な職種との頻回の細部にわたる情報交換の実施）	**情報収集と共有**（関係作りのための情報収集と共有）	**生活支援の準備**（在宅生活へ向けた資源確保ときめ細かい準備）
退院後	**種々のニーズへの対処**（不安を含めた種々のニーズに応えている）	**フォローの覚悟と実践**（いつでもフォローする意思を伝えながら対処している）	**報告と伝達**（情報共有のためのスタッフへの報告と伝達）	**念入りな調整**（退院後の調整を念入りに実践）	**多種多様な資源活用**（多種多様な資源活用のための開発や情報伝達・共有の働き）

注：表内の太字はコアカテゴリーを，（　）は定義を示す．

本人との関係

　退院前には，患者本人の主体性を尊重しながら，様々な不安への対処を共に考えている．時として，自殺までも思いつめた繰り返す不安に対して，それを引き受ける医療ソーシャルワーカーの意志を根気強く伝え，継続的で総合的な支援体制の整備に力をそそいでいる．

　退院直前には，具体的で細かい療養上の整備を本人を取り巻く多様な関係者との具体的調整の中で行っている．予防的援助を含めての療養環境の整備である．

　退院後には，いつでも，どこでもニーズ把握できるように支援体制をとりながら，種々の不安への対処を行っている．

家族との関係

　退院前には，不安への対処を含めた状況の把握と，家族関係調整と選択肢の提示による環境整備を前向きに行っている．

　退院直前には，緊急時対応や退院後の機能訓練や経済的問題等々，具体的で実際的な環境整備に努力している．

　退院後には，医療ソーシャルワーカーがフォローすることの意志伝達を行いながら，状況に応じた具体的な援助を行っている．

チームとの関係

　退院前には，多様な機関，部署，専門職，関係者へ細かい調整と依頼が主であるが，状況の変化へのすばやい対応を行っている．病状だけでなくそれに伴う精神状態の変化，たとえば自殺のおそれがある場合への緊急対応，スタッフへの働きかけの依頼，情報収集，情報提供と共有など，意思統一の要の役割を果たしている．

　退院直前には，多種多様な職種との日々の情報交換がメインとなるが，投薬内容などの具体的確認業務も多い．

　退院後には，スタッフへの報告と伝達の役割が示されている．

関係機関との関係

　退院前には，情報収集・提供が業務の大半を占め，中でも統一した方針を決定する際の患者や家族の代弁者としての役割が大きい．そのために当事者の意思確認からスタートし，地域関係機関が援助の目を向けるよう働きかけ，患者家族の状況の説明や資源を含めた調整に多くの時間を費やしている．対象とする関係機関も患者・家族の状況によってさまざまで，医療や保健・福祉機関も公的，民間等多様であり，その機関に所属する種々の専門職を対象としている．その他，学校やタクシー会社，金融機関，家主等々，多種多様な機関，組織，個人との関係のもとに情報を媒介とした援助が行われている．

　退院直前には，実際の退院を前にして生活支援の整備を具体化するための

細かい情報収集とその共有に多くの時間を割いて努力が続けられている．特に，日常生活における物品給付や郵送など細かい代行業務が数多くこなされている．

退院後には，退院前や退院前後と同様に，保護費の受け取りや書類のやりとり等々，代行業務や念入りな連絡調整，確認の役割が示されている．

地域との関係

退院前には，病院の窓口としての役割であり，地域と疎遠な状態を回避するために，居宅介護支援センターや事業者との協力関係の確立への土台作りを行っている．また関係機関，職員との協議，緊急時対応の整備，近隣関係の掌握等々密な連絡をとり，多様な役割を果たしている．

退院直前には，電気，ガスの使用説明，契約等の援助，住宅改修等々，生活支援のためのライフラインの整備に関わる具体的で細かい援助が実施されている．そのために，地域関係者にカンファレンス参加への呼びかけを行い，頻回の話し合いが行われている．

退院後には，公的機関，在宅介護支援センター，訪問看護，職場，近所への安否確認，見守り依頼，スタッフへの状況報告等々，退院後の生活の維持に関わる実際的な援助が行われている．

変革へのアプローチ

以上，チャレンジ事例では，援助内容の語句としては「調整」「報告」「情報収集」「情報提供」等々，通常の援助で使用される語句が並ぶ．しかし，それだけを分類しても医療ソーシャルワーカーの働きを明確にすることにはならない．そこで事例を読み直し，データにある語句の修飾語に注意を払い，その背後にある状況に着目し分類を行った．

その結果，生成したカテゴリーには通常の援助内容と変わらない語句が表記されているが，その内容は非常に「複雑」「多様」で「細かく」「綿密な」等々の概念を含むものであることが分かった．情報交換においては，「綿密

な」「日々の」に示されるように，通常の援助で使われる調整，連絡，情報収集，情報交換以上に綿密で頻回であることが示された．家族側の「複雑さ」をとっても，「複雑」「トラブル」「連絡がとれない」「定まらない状況」等々に示されるように，問題の複雑さであり，家族関係の複雑さ，複雑にからみあう関係となっている．さらに，「多様」においても，問題の多様さ，関係機関，関係者，専門職の多様性，活用する資源の多様さ等々が示された．また，注目されるのは「資源活用」では多様な資源の活用だけでなく，新たな体制の組み直しであったり，まったく新しい仕組みの創設であるといった内容を伴っており，前述のチャレンジ項目で触れたように，さまざまな変革への取り組みが示されていた．

また，「何回も」「前向きに」「出来るだけ」「繰り返す」等々，医療ソーシャルワーカーの努力がうかがえる語句に着目すると，複雑で解決困難な問題を前に，社会資源が不足している状況下でもあきらめないで粘り強く環境の変革にチャレンジしていく医療ソーシャルワーカーの姿勢が表れている．だからこそ退院前のきめ細かい準備に努力が払われ，退院後は何が起こっても引き受ける覚悟を定めた実践であり，こうした医療ソーシャルワーカーの姿勢があってこそ在宅医療への移行が実現した事例群だといえる．そしてまた，これらの実践は，「何回も」や「頻回に」で表わされているように，非常に多くの労力と時間を要することも示されている（村上須賀子・黒岩晴子）．

注
1) 調査票に記載された言葉そのままを使用し，略語などの修正を加えていない．
2) パルスオキシメーター（pulse oximeter）：血中の酸素飽和度を測定する機械で拍動酸素測定器という．通常指にはさんで使用する．酸素飽和度とは血中の赤血球と酸素がどれだけ結びついているのかの指標．

第Ⅲ部　在宅医療ソーシャルワークの
　　　　機能と展望

第1章　在宅医療ソーシャルワークの機能

1　在宅支援におけるプロセス

　在宅医療における支援も，基本的には一般的な医療ソーシャルワーク支援と同様の過程で進められる．これは常に一定の順序で行われるわけではないが，おおよそ以下の流れで展開される．ここでは，特に在宅への退院支援や，在宅療養の継続のために留意すべき点を中心に述べていく．

(1)　インテーク

　これは医療ソーシャルワーカーと患者・家族が初めて出会い，支援関係の基本が築かれる重要な段階である．在宅への退院援助では，入院中の患者・家族が自ら相談室を訪れる場合もあれば，医師や看護師等からの紹介による場合もある．退院についての受けとめ方も，前向きな人ばかりではなく，不安が強かったり，不本意な選択という思いを抱いていることもあり，それぞれの状況に配慮した対応が必要となる．

　そこで医療ソーシャルワーカーの支援は，まず患者・家族の思いを丁寧に確認することから始められなければならない．疾病や障害が重く，家族の力も十分でないときには，在宅での生活に医療ソーシャルワーカー自身が疑問符をつけることも珍しくない．しかしここで，患者・家族が自宅に帰ることに強い意思を示すとき，多くの困難が予想される場合であっても，医療ソーシャルワーカーには挑戦者としての気概が生まれてくるのである．インテークの段階で，患者・家族の意思をしっかりと受けとめることができれば，その後の支援の大きな助けとなる．

またこの段階では，医療ソーシャルワーカーの役割がよく理解されていないことも多く，医療ソーシャルワーカーは医療スタッフの一員であるが，患者の立場でその生活について考え支援することを役割としていることを，十分に伝えることが重要である．患者の中には，治療の中心となる医師や日常身の回りの世話を受けている看護師に対しての遠慮があり，本心を十分に伝えられなかったりすることも多い．まずそうした医療スタッフとの立場の違いを理解してもらい，在宅での生活に必要な準備を支える専門職として認識されることが，よい援助関係を築くための第一歩となる．在宅療養を実現し継続してゆくためには，多くの場合困難が伴うが，しっかりとした援助関係がその支えとなる．その出発点として，インテークが特に重要な意味をもつことを，医療ソーシャルワーカーは意識しておく必要がある．

(2) アセスメント（事前評価）

　必要な情報を収集し，分析を行う段階である．患者・家族から，退院後の生活についての希望や，そのために必要な条件がどの程度整えられるのか等を聴き取り，さらに主治医の判断や看護師，リハビリスタッフ等の意見を確認する．患者と家族，また患者と医療スタッフとの間で，退院後の生活についての考えが異なることもしばしばあるが，その場合もそれぞれから丁寧に話を聞くことが肝要である．また福祉事務所やケアマネジャー等，外部機関から情報を入手することも忘れてはならない．在宅への退院にあたっては，一度その住居の状態や周囲の環境等を，直接出向いて確認することが必要である．こうして収集した情報に基づき，解決すべき課題を明らかにする．

(3) プランニング（援助計画の立案）

　アセスメントで明らかになった課題を，どのような方法，手順で解決してゆくか，具体的な計画を立てる段階である．これには患者・家族が参加して，医療ソーシャルワーカーと共同で作成することが原則となる．在宅で利用できる福祉制度やサービスについての情報量は，医療ソーシャルワーカーが豊

富に持っており，そのため医療ソーシャルワーカーのペースで計画作成が進められる問題が起こりやすい．自宅退院にあたって，あるいはその継続のために解決しなければならない問題と，医療保険や介護保険，利用できるサービスや費用負担等について十分に説明し，その選択を助けることが重要である．患者自身と家族が，在宅での生活がどのようなものになるのか，具体的にイメージできるようなはたらきかけを行って，解決までの道筋を示し，自らの生活を自らが決定するという主体的な姿勢をもてるよう支援してゆく．

また可能ならぜひ退院前に，患者・家族と，院内の医療スタッフ，ケアマネジャーやヘルパー等在宅サービスの担当者が一堂に会して直接協議し，支援計画を検討する場をもつことが望ましい．在宅にもどるまでの準備期間に十分な時間をかけられない場合も多いが，そうした中でも患者・家族が納得し，満足のゆく選択ができるよう配慮することが医療ソーシャルワーカーには求められる．

(4) 援助計画の実施・介入（インターベンション）

在宅支援の場合，援助計画の実施は退院後のこととなるが，入院中の患者については，本格的な援助計画の実施に先立ち試験的に外泊を行って，退院前に計画に問題がないか十分な確認を行うことが望ましい．可能なら医療ソーシャルワーカーと医療スタッフも同行して，患者・家族が安心して自宅にもどることができるよう配慮する．この過程を踏むことで，患者・家族は現在の身体レベル等を改めて知ることになり，障害受容が促される面もある．

この段階では，在宅サービスを担当する様々な職種が自宅に入ることになるが，医療ソーシャルワーカーはこれら関係者とも連携を密にして，状況を把握する必要がある．また自宅への退院であっても，入院中と大きく異なる環境は，患者・家族にストレスとなることも多いが，医療ソーシャルワーカーが精神的な支えとなることで，円滑に元の生活に移行することが可能になる．

(5) 評　価

　支援の目標が達成されているかどうかを確認する段階である．在宅への支援の場合は，退院を果たした時点で行うのではなく，その後一定期間自宅での生活を継続した上で行うべきである．在宅療養の場合は，患者の病状や家族の変化による影響を受けやすいため，その後も継続して様子を見守り，必要なら再度アセスメントを行う必要がある．また患者・家族の努力を，医療ソーシャルワーカーが評価することにも意味がある．

(6) 終　結

　通常は援助の目標が達成されたことが確認されれば，医療ソーシャルワーカーはその時点で終結に入る．在宅支援の場合は，退院後しばらくして在宅での生活の目途が立った時点で終結となる．外来受診時に医療ソーシャルワーカー自身が様子を確認したり，在宅サービス担当のスタッフとの連携により常に状況を把握できる体制を整え，その後も継続して状況の変化に対応できる体制を整えておく．必要があればいつでも対応可能なこと（オープン・ドア）を患者・家族に十分に伝えて，安心感をもって終結を迎えることができるよう配慮することが求められる．

　在宅医療の実現までの過程において，患者・家族は支えられるばかりの存在ではない．その言葉や表情が，支援者としての医療ソーシャルワーカーに困難を切り開く力を与え，ひるむ背中を押してくれるのである．支援の全過程を通して，何より重視されなければならないのは，医療ソーシャルワーカーと患者・家族との間にしっかりとした相互交流がなされていることである（永野なおみ）．

参考文献
杉本照子監修『医療におけるソーシャルワークの展開』相川書房，2001．
杉本敏夫監修『医療ソーシャルワーク』㈱久美，2004．

2　在宅支援における留意点

　医療ソーシャルワーカーがかかわるクライエントは，当然，疾患や障害と共に生きる人々やその家族となる．特に医療依存度が高く多くの介護を必要とする利用者が在宅生活を選択した場合，患者をめぐる適切なケアマネジメントが実践されなければ在宅生活の継続は不可能であり，時には患者の生命に危険を及ぼす結果となってしまう．在宅医療において医療ソーシャルワーカーが特に留意せねばならないのはどのようなことだろうか．

(1)　予測する

　医療ソーシャルワーカーは，病状の変化やそれに伴う介護の必要性の変化を予測し，早期発見・早期対処できる体制を整える．緊急時や死亡時への対応までをも考慮に入れることが求められる．病状や時間の経過にともなって生じる新たな課題に適切に対応していくためには，疾患や医療処置がADLや生活に与える影響に配慮することが重要であり，医学的知識が必要とされることも多い．福祉職である医療ソーシャルワーカーは医学的知識に乏しく，医療スタッフからの情報によって医学的知識を得ることも多い．医療スタッフからの情報を正確に理解し適切な援助を行うためにも，医学的知識を身につけておく必要がある．

(2)　変化をつかむ

　疾患や障害の変化だけではなく，つねに変化し揺れ動く患者や家族の気持ち，要求を見逃さない関わりが重要である．在宅療養移行時には，在宅療養という選択がどのようにして行われたのか，在宅療養は患者や家族にとってどのような意味をもっているのかといった点にも気を配る．そして患者や家族がもつ希望や感情，そして能力を測りながら，誰か一人に負担が集中し在宅療養が破綻してしまわないように留意する．特に感情の変化は，明確に示

されることは少ない．表情や外見などの非言語的表現や家の中の様子などから，手がかりをつかむことが重要である．

(3) 不安を軽減する

住み慣れた自宅で家族とともに過ごすことは，患者・家族にとって大きな安心や安らぎを与える．同時に障害や疾患をもちながら医療機関と離れ自宅で生活することは，大きな不安でもある．適切なサービスが利用できるのか，どのような人が自宅へやって来るのか，その不安の内容はさまざまであろう．そして，在宅療養に不安を抱くのは患者，家族だけではない．たとえば医療依存度の高い患者に介護サービスを提供する場合，サービス提供者が事故発生に対する不安を抱く場合もある．もちろん医療従事者であっても，同様である．

医療ソーシャルワーカーは，こうした不安を軽減するために必要な調整を行う．特に緊急時に各自が取るべき行動については，患者・家族を含め，かかわるスタッフ全員に周知徹底しておく．患者・家族の心理的不安への対応，精神的ケアへの配慮については，傾聴する．励ましや，支持するなども必要であるが，特に在宅療養では不安を軽減する根拠となる具体的対応策が明確に定められ，共有されていることが重要である．医療機関から離れていても必要に応じて医療サービスが利用できる体制が整っていることを理解すれば，患者や家族の不安は軽減する．

(4) 福祉職としての役割を遂行する

1) 社会資源を活用する

医療ソーシャルワーカーは，医療職と共にチームを形成し，患者・家族を援助する．そこで求められるのは福祉職としての役割を確実に遂行することである．障害者福祉，高齢者福祉，年金保険や医療保障などさまざまな制度の中にサービスが存在し，利用上の条件も各々の制度によって異なる．多くのサービスの中から，患者・家族が必要とするサービスを適切に選択できる

ように支援する．安心して療養生活を送るためには，経済的基盤の安定が不可欠であるが，近年の制度改革によって患者の自己負担は増加する一方である．医療ソーシャルワーカーは，制度について正確・最新の知識を持ち，患者・家族への適切な情報提供が求められる．もちろんフォーマル・インフォーマルを含んだ幅広い社会資源についての知識が必要であることはいうまでもない．

在宅療養を援助する際には，地域に存在するあらゆる社会資源を適切に活用するだけでなく，新たな社会資源を開発していく活動も必要となる．患者・家族と彼らをとりまく関係者を含め，広く地域全体を視野に入れた取り組みが重要である．

医療機関は患者の生活課題がまさに噴出する場であり，医療機関から在宅療養へ移行する際には，医療の確保と同時に生活の場所や生活手段の確保のために，医療ソーシャルワーカーの機能が求められる．

2) 連絡・調整を行う

さまざまな人や機関との間で連絡・調整を行い，情報の共有化やケアマネジメントを図ることも医療ソーシャルワーカーの重要な機能となる．

患者にかかわるスタッフ間の調整はもちろん，患者・家族とスタッフ，家族間，そして患者と家族との間で調整機能を発揮することもある．患者が強く在宅療養を希望していても，同居する家族は介護や医療処置などが自分たちの役割となることに不安を抱くことがある．誰かが疾患や障害をもつことは，それまでの家族の姿を大きく変化させることになる．医療ソーシャルワーカーは，様々な意見を傾聴しつつ，患者を含めた家族の中で，家族メンバー自身が「決定することを」援助する．そのために入院期間の調整を行ったり，一時的に療養できる場を確保することもある．在宅療養であれ医療機関や施設での療養であれ，患者・家族は一定の負担を伴う．その負担の内容や度合いが違うだけである．時には必要な情報を提供しながら，患者・家族が自ら決定できるように支援する．

（5） 患者・家族の力を伸ばす

　疾患や障害を持ったとしても，高齢の家族であっても，それまでの人生で培ってきた能力や力が存在する．医療ソーシャルワーカーは，人がもつ可能性や力に着目し，その力を伸ばす関わりを行う．

　思いもかけない疾患や障害によってショックを受け，自分の価値が低くなったように感じている患者は少なくない．今までとはちがう患者とどのように生活していけば良いのか，とまどう家族もまた少なくない．医療ソーシャルワーカーは，家族会の情報を提供したり同様の状況で生活する他患者を紹介することにより，患者・家族が視点を転換し，新たな希望や展望をもつことができるようにかかわる．

　以上のように，医療ソーシャルワーカーは治療行為そのものにかかわることはないが，患者・家族が障害や疾患とともに生きていくことにかかわる．さまざまな知識を持ち専門援助技術を駆使しながら機能を発揮し，在宅療養の実現・継続を支援する（竹中麻由美）．

3　在宅医療の情報集約機能

　医療機関の在院日数が年々短縮化する中，医療ソーシャルワーカーの業務に占める退院援助の割合は，病院の種別を問わず大きなものとなっている．我が国の医療が，病院中心の仕組みから在宅医療に軸足を移しつつあることから，自宅退院を円滑に進めそれを継続してゆくための援助は，病院と患者の双方にとって重要な意味をもつようになった．その担い手として，医療ソーシャルワーカーが大きな役割を果たしていることは，前章の事例にも示されている．

　日常生活のための基本的なニーズが充足される病院から，疾病や障害を抱

えた人が自宅にもどり生活しようとするとき，多くの福祉サービスが欠かせないことは言うまでもないが，今日では多くの人たちが医療の面でも手厚いケアを要する状態で，自宅に退院しているのが現実である．この調査で収集した101の事例にも，胃ろうや経管栄養，痰の吸引を行っている人たちが多く含まれ，人工呼吸器を装着した例も複数あった．福祉と医療のサービスの両方が，生活さらにいえば生存のために欠かせないものとなっている人たちは，在宅医療の中ではすでに特別な存在ではなくなっているのである．

こうした人たちの在宅での生活は，実に多くの機関や団体の専門職によって支えられることになるが，その多様なサービスを利用するために，病院内の医療ソーシャルワーカーは「社会資源の情報センター[1]」として大きな役割を果たしてきた．患者・家族が病院内で必要な情報を入手し，またある程度まで手続きを行うことのできる利便性は，医療ソーシャルワーカーの存在意義の1つとして認識されてきた．

しかし現在では，これに加えて病院の内外の情報を，それぞれ集約して伝える情報収集→伝達→管理を行う，さらに進化した「在宅療養の情報センター」としての機能が定着しつつある．具体的には，患者が病院から地域へもどる際，必要となる多くの情報を集約して地域の機関や団体等に伝達してゆく機能，また逆に地域の関係者からの多岐に渡る情報を集め，病院内のスタッフに伝達していく機能が，退院援助及びその後の在宅療養の継続の過程で，効果をあげていることが事例の中にも示されていた．

現在，地域の在宅サービスは，公私を問わず様々な施設・機関・団体等により提供されるようになっており，その目的やサービスの内容も多様である．また従来から地域での医療を担ってきた医師や訪問看護師は，それぞれの医院や訪問看護ステーション等の事業所で業務にあたっており，在宅サービスの調整を役割とするケアマネジャーも同様である．

そこで，病院を退院する患者を地域が再び迎えようとするとき，それぞれの事業所は，現在の状態や予後，入院以降の経過，家族の状況等，必要な情報を得て個々の患者の援助計画を検討する．同時に各事業所が提供できるサー

ビスの内容や条件等を，患者と家族，そして病院にも伝えて，退院後の生活設計を立てることも行われる．

しかしその際のやりとりは，舟木が指摘しているように，従来は「病院医師は地域の開業医に紹介状を書き，病棟看護師は訪問看護師に看護サマリーを，ケースワーカーがケアマネジャーに連絡をとるという縦割りの情報提供[2]」が行われてきた．だが「医療ソーシャルワーカーが情報を一度集約して，それを地域に流すという形ができあがり，情報の共有化が格段にアップした」のである[3]．これは，病院と地域の情報が，医療ソーシャルワーカーのもとで一元化されたことを示すものである．病院と地域との連携を進めるうえでの，まさに中核的な機能である．

また本調査の多くの事例では，退院にあたっては院内のスタッフに加えて，医療ソーシャルワーカーが地域の医師，看護師，保健師，ヘルパー，ケアマネジャー等の様々な職種に参加を呼びかけてカンファレンスが開催されているが，これもすでに定着した医療ソーシャルワーカーの役割であるといえる．そこで患者の退院後の生活についての十分な協議が行われることを通して，1つのチームが形成され，効果的な援助が提供できる素地が作られる．こうした場を作ることで，様々な職種の情報交換が円滑に運び，当初困難と考えられた患者の退院が具体化していく例が多くみられた．また在宅療養を続けていた患者や家族の状況に変化が生じたときには，その情報を受けいち早く病院内のスタッフに連絡して，対応を協議する仕組みがつくられていた．

「医療ソーシャルワーカー業務指針」には，受診・受療に関する援助として，「入退院・入退所の判定に関する委員会が設けられている場合はこれに参加し，経済的，心理的・社会的観点から必要な情報の提供を行うこと」や，「その他診療に必要となる情報を収集し，医師，看護師等へ提供すること」があげられている．しかし現在では，院内のスタッフで行われるカンファレンスへの参加にとどまらず，医療ソーシャルワーカー自身の判断で，退院にあたって必要なサービスに関わる施設・機関等の担当者に呼びかけて，退院準備のための会議が開かれる．病院内への情報提供者としての位置付けから，

さらに一歩進んで，より積極的に情報を集約する機能を果たす存在として，病院の内外に認知されるようになっている．医療ソーシャルワーカーは不十分な配置の中でも，着実にその業務の質を高め，在宅医療に貢献しているのである．

さらにこの101の事例には，地域の様々な人たちとのつながりが豊かに生かされていることが読み取れる事例も多かった．個人的な関係も含めて，あらゆる社会資源が動員され，援助が行われていく過程は，患者を第一に考える姿勢の現われであると共に，医療ソーシャルワーカーの情報収集の範囲の広さを感じさせるものであった．

ここに述べたように，在宅医療を進めるうえで，医療ソーシャルワーカーが病院に配置されることでのメリットは大きいが，依然その数は限られている．101の事例で，様々な困難を解決しながら元の生活の場に帰ることの叶った患者は，入院先に医療ソーシャルワーカーのいる幸運に恵まれた人たちであった．そこに医療ソーシャルワーカーがいなければ，恐らくは違う結末を迎えたであろう退院の事例にふれて，配置を進めるためのいっそうの努力が必要であることが痛感される（永野なおみ）．

注
1) 村上須賀子「総合病院における医療ソーシャルワーカーの任務」，多田羅浩三・小田兼三共編『医療福祉の理論と展開』中央法規出版，1995, p.151.
2) 舟木良真「在宅へ向けた病病・病診連携のシステムづくり」『病院』65巻8号，2006年8月，p.658（58）．
3) 上掲書，p.658（58）．

第2章　医療ソーシャルワーカーの今後の展望

1　教　育

(1)　医療ソーシャルワーカーを輩出する社会福祉専門教育の現状

　かつては病院という医療機器と専門職が集積された環境の中で長期療養していた患者も，在宅医療・介護の普及により，今では家庭や地域の中で暮らせる事例が増えてきたが，その実現と継続を図る上で，患者・家族らの不安を和らげ，安定した療養生活のための支援体制を構築するには，それなりの専門的知識とスキルが医療ソーシャルワーカーに求められることは既に述べられたとおりである．では，それをどのようにして体得すれば良いのか．残念ながら，現在，その多くは現任の医療ソーシャルワーカーたちが，日々の業務を通して手探りで経験知と経験則を積み重ねることによって身につけているといっても過言ではない．

　もちろん，専門職であればプロとして働くようになってからも弛まぬ自己研鑽によって知識と技術を更新し，専門的力量の向上に努めなければならないのはいうまでもないことであり，医療ソーシャルワーカーにも当然同様の努力が求められるが，医療ソーシャルワーカーの場合は，医療分野で働く専門職として制度化された養成教育を経験しないままに就職先の医療機関に送り出されているのが実情であり，その点で協働する医療技術系の専門職と出発点が大きく異なっている．

　第Ⅱ部で見たとおり，医療依存度の高い患者の在宅生活を支援する事例も

増えてきているなか，たとえば訪問先での患者の状態の変化などを医師，看護職らに的確に伝えるためにも，ある程度の医療知識がないと，必要な患者情報を識別することができない．病院・施設等の一員として患者宅に訪問しているときは，「この場合は誰に（どこに）知らせて指示を仰いだら良いか」「緊急性のあることなのか，ないことなのか」といった判断を1人でしなければならない場面もあるだろう．

ところが，第Ⅱ部の事例に記されているような「人工呼吸器」「気管切開」「胸腰椎圧迫骨折」「高次能機能障害」といった用語が示す臨床医学的な意味合いについて，ソーシャルワーカーを輩出する福祉系大学等の教育の中で実践的に教えられる機会は極めて少ない．

ソーシャルワーカーには社会福祉士という国家資格制度があり，これを養成する大学・短大等は全国に312校，厚生労働省指定の一般養成施設50校・63課程などとなっているが（2007年8月現在）[1]，社会福祉士養成のカリキュラムとして必修科目に定められている医療系科目は「医学一般」のみである[2]．そこで学ぶ学生向けに刊行されているテキストにもこの科目に対応したものがあるが，代表的な2つの出版社の「医学一般」のテキストの索引に，前述した4つの用語が掲載されているかどうかを確かめた結果が表Ⅲ-2である[3]．

このうち，索引に掲載されていたのは「高次脳機能障害」（「高次脳機能」）のみだが，A社版においては，本文中にその障害の一例として「失認」「失行」と列記されていながら，「失認」「失行」自体が索引に掲載されていない（B社版にはそれらの用語についても索引あり）．また，念のため「人工呼吸器」「気管切開」は，本文中にも記述がないかどうか調べてみたが，2冊ともそれらの記述はなかった．それらの用語と関連性が高い「筋萎縮性側索硬化症（ALS）」という病名もB社の索引にはなかった．「圧迫骨折」について本文中に記述がないかも調べたが，骨折の種類について説明した部分にも用語自体が掲載されていなかった．A社版には索引に「特定疾患（対策研究）」「難病」が記されており，「保健医療対策の現状」の章に「難病対策」の節が設

表Ⅲ-2　社会福祉士養成向け「医学一般」テキストの索引項目[3]

出版社	人工呼吸器	気管切開	胸腰椎圧迫骨折	高次脳機能障害
A社	なし	なし	なし[※1]	「高次脳機能」あり
B社	なし	なし	なし[※2]	あり

注：※1，※2　「胸椎」「腰椎」「胸椎圧迫骨折」「腰椎圧迫骨折」「圧迫骨折」のいずれもなし．

表Ⅲ-3　厚生省社会局長通知による「医学一般」の授業内容[4]

1　人体の構造・機能　　2　一般臨床医学（内科，外科，整形外科，神経・精神科等）の概要
3　医学的リハビリテーションの概要　　4　現代社会と疾病　①がん，生活習慣病
　②各種感染症　③神経・精神疾患　④先天性疾患　⑤難病　⑥その他
5　公衆衛生の現状　①人口動態　②疾病と受療状況　③医療関係者　④医療施設
6　保健医療対策の現状　　7　医事法制と保健・医療機関及び専門職　①医療法，医師法，保健師，助産師看護師法等，医事法制の概要　②保健・医療機関，専門職と福祉専門職の連携のあり方

けられていたが，B社版では索引にそのいずれの項目もなく，本文中にも説明のパートが設けられていなかった．

　このようなテキストで学習できる範囲の医療知識は，医療現場や地域の中で傷病者を支援する専門職養成という観点から見た場合，とても十分とはいえない．しかし，そのことは福祉系書籍を扱う出版社の責任に帰すべき問題ではない．現行の社会福祉士養成制度上，「授業科目の目標と内容」として厚生労働省から局長通知で示されているいわゆる"厚生労働省シラバス"によると，「医学一般」の内容は，表Ⅲ-3のとおり，非常に多岐に亘るため，実践に対応できる教育をするにはこの1科目のみではそもそも無理があるのである[4]．社会福祉士の養成課程における医療面の教育は，ほんの一例として取り上げた上記の項目についても，テキストで詳述するだけの余裕がないカリキュラムによって行われているところに限界があるといわねばならない．社会福祉士養成教育で不十分な部分を卒後研修などで補うという考え方もあるが，医学・医療に関する教育を現場に従事し始めてからの任意の研修に委ねることで，果たして患者・家族からの信用が得られるかといえば，それは，極めて心もとないといえよう．

(2) 現場の医療ソーシャルワーカーが望む養成教育

　今回の調査では，在宅医療に関わった各地の医療ソーシャルワーカーに「望ましい医療ソーシャルワーカー養成教育」についても尋ねた．「医療ソーシャルワーカーになるための教育で必要と思われる専門科目（社会福祉士指定科目を除く）」の具体例として表Ⅲ-4のとおり20科目を例示し，そこから「必要性の高い科目を7科目まで選択」してもらった上で「その中で特に必要と思うもの1科目」を選んでもらったほか，例示した20科目以外に回答者が必要と考える科目があれば，「その他」の欄に記入を求めた．その結果，半数以上の回答者から選ばれたのは①～④の4科目で，最も多かったのは「④医療福祉援助実習」の81人であり，1科目に絞った場合でも最多の29人であった．この上位科目は，いずれも現行の社会福祉士や精神保健福祉士の養成教育における指定科目の表現を，医療福祉版に応用したものであり，そこに多くの回答が集まったという事実は興味深い．本調査の回答者のうち，8割近くが社会福祉士資格を，3割近くが精神保健福祉士資格を有していたが，医療福祉分野においても既存の福祉士養成科目の構成に倣って設定した理論系・技術系の基幹的な科目を重視していることがうかがわれる．

　過半数の回答者からの選択が集まった科目は以上だが，それに次いで比較的多かったのは「⑪一般臨床医学」(47人)である．この科目名は，社会福祉士指定科目の「医学一般」とはあえて区別して，臨床的な内容に重点化した医学知識の教育を想定したものであったが，やはり現場の医療ソーシャルワーカーが日常業務の中からその必要性を感じていることがうかがわれる．

　また，それに続いて本調査の主題とも関連性が高い「⑤退院計画論」，「⑥在宅医療論」が，4割の回答者から選択されたことから，実際の教育科目として成立するかどうかは別としても，医療ソーシャルワーカーがそうした仕事に携わる際の指針や理論的裏づけとなる実践的な知識を求めていることがわかる．

表Ⅲ-4　MSW養成に必要と思われる専門科目

望まれるMSWの養成教育についてお答えください		
		◎
①医療福祉原論	57	10
②医療福祉援助技術論	68	10
③医療福祉援助技術演習	72	6
④医療福祉援助実習	81	29
⑤退院計画論	42	4
⑥在宅医療論	41	3
⑦地域保健学	13	0
⑧精神保健学	20	0
⑨リハビリテーション論	20	0
⑩ターミナルケア論	22	0
⑪一般臨床医学	47	1
⑫リハビリテーション医学	21	0
⑬難病学	3	0
⑭臨床心理学	20	3
⑮ケアマネジメント論	24	2
⑯医療福祉連携論	33	3
⑰医療保険論	28	0
⑱医療関係法規	21	0
⑲病院経営学	12	0
⑳先端医療論（脳死・臓器移植・生殖治療・遺伝子治療等）	11	0
その他	10	2
N／A	4	

注：◎は，「特に必要と思われる科目」として選択された件数．

「その他」として例示科目以外に回答者が独自に挙げた科目名としては，「生命倫理（学）」「医療経済学」「社会資源・医療倫理・介護保険等」「医療倫理」「医療福祉論」「医療・医学用語（論）」のほか，「社会福祉の基礎科目は必修の上で．また，③の演習で面接技術教育は重要」「診療報酬についても知っておくと便利」といった記述も見られた．

　ここでは，社会福祉士指定科目以外で，「医療ソーシャルワーカーになるための教育で必要と思われる専門科目をあげるとすれば」と問うたわけだが，仮に「現行の社会福祉士指定科目で十分」という見解を明確にもつ回答者が

204 第Ⅲ部 在宅医療ソーシャルワークの機能と展望

図Ⅲ-1 MSW養成に必要と思われる専門科目
5.望まれるMSWの養成教育についてお答えください

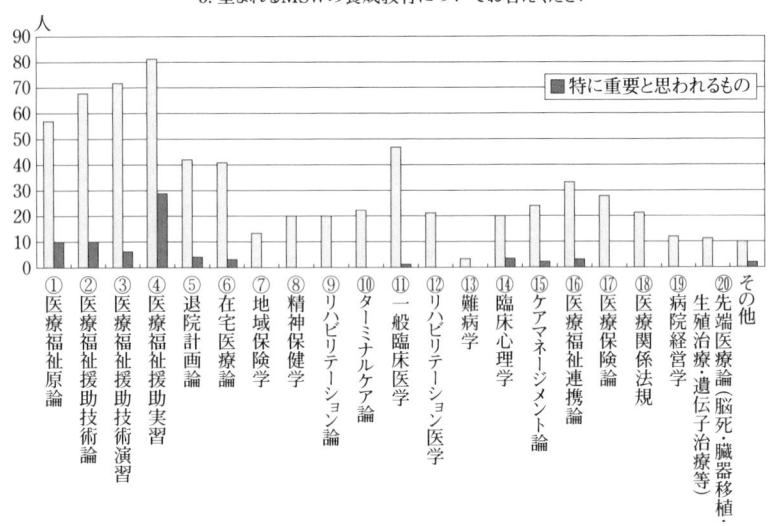

■特に重要と思われるもの

① 医療福祉原論
② 医療福祉援助技術論
③ 医療福祉援助技術演習
④ 医療福祉援助実習
⑤ 退院計画論
⑥ 在宅医療論
⑦ 地域保険論
⑧ 精神保健学
⑨ リハビリテーション論
⑩ ターミナルケア論
⑪ 一般臨床医学
⑫ リハビリテーション医学
⑬ 難病学
⑭ 臨床心理学
⑮ ケアマネージメント論
⑯ 医療福祉連携論
⑰ 医療保険論
⑱ 医療関係法規
⑲ 病院経営学
⑳ 先端医療論（脳死・臓器移植・生殖治療・遺伝子治療等）
　 その他

いれば，ここでの例示科目からはあえて何も選択しないという答え方も考えられる．そうした理由によるものかどうかは不明だが，4件の無回答があった．また，本調査では，既存の社会福祉士養成レベルの教育を基盤とし，それはすべて行うという前提で上乗せ型の医療ソーシャルワーカー専門教育を志向するのか，あるいはそれを必要条件とはしない医療ソーシャルワーカー独自の養成カリキュラムを志向するのかということまでは問うていないが，養成教育のあり方を考える際には，既にある社会福祉士，精神保健福祉士の養成課程との関係を視野に入れた議論が不可避といえよう．

　なお，本調査の実施段階では，社会福祉士の実習指定施設に保健医療機関が追加されることについて厚生労働省内で検討はされていたものの，正式に社会福祉士及び介護福祉士法施行規則の改定が公表されたのはその後である．今回，「④医療福祉援助実習」という科目を医療ソーシャルワーカー養成の専門科目として例示した結果，これを必要とする回答が最も多く寄せられ，実習の重要性が多くの医療ソーシャルワーカーから表明されたことになるが，

それだけに平成18年度より社会福祉士指定科目の社会福祉援助技術現場実習として行われるようになった医療機関実習の内容が，その期待に応えられるかどうかが問われるといえるであろう．その一方で，病院に就職する社会福祉士が皆，医療機関実習を経験してくるとは限らないのであり，「医療機関実習を経験しない看護師やPT」はあり得ないが，「医療機関実習を経験しない医療ソーシャルワーカー」はあり得るという現状にも，抜本的な検討が望まれるところである．

(3) 社会福祉士養成教育内容の見直し

今回の調査を実施した後，現在までの間に，社会福祉士及び介護福祉士法が1987年の制定以来20年ぶりに初めて改正され，それを受けて養成教育の内容も初めて大幅な見直しが行われるという動きがあった[5]．

同法第2条の定義規定の中で，社会福祉士の業務に関する記述として従来の相談・助言・指導に連絡・調整が加えられ，「福祉サービスを提供する者又は医師その他の保健医療サービスを提供する者その他の関係者」がその対象として明記された[6]．いうまでもなく，医療ソーシャルワーカーは「保健医療サービスを提供する者その他の関係者」の一員として患者・家族らが必要な保健医療サービスを円滑に利用できるよう支援する専門職であるため，地域の福祉施設・機関等で働く社会福祉士とは平素から緊密に連携を取るべき関係にある．

このことは，社会福祉士制度制定以後の1989年に策定された「医療ソーシャルワーカー業務指針」で，医療ソーシャルワーカーの連携や情報提供の対象として「社会福祉士」が挙げられていたことからも明らかである[7]．

したがって，医療ソーシャルワーカーとして，業務上，連携・調整する相手がどういう専門性を有しているのかを理解しておくことは大切であり，こうした定義規定の改正を承知しておくとともに，保健医療領域のソーシャルワーカーに特化した国家資格がない今日，ジェネリックなソーシャルワーカーの国家資格である社会福祉士の養成教育の内容がどのように見直されるかに

ついては関心を払っておく必要がある．

その養成教育の見直し案として2007年12月に厚生労働省から示された「新たな教育カリキュラムの内容」によると，科目の名称と構成が従来とは全般的に様変わりしており，保健医療関連では，これまで「医学一般」（60時間）で扱われていた内容に相当する科目が「人体の構造と機能及び疾病」（30時間）と「保健医療サービス」（30時間）とに再編成されている[8]．この「保健医療サービス」の「ねらい」や「含まれるべき事項」には，これまでの「医学一般」には見られなかった「医療保険制度」「診療報酬制度」といった項目も挙げられているが，これらは従来「社会保障論」でも扱われていたため，総合的に見ると特に保健医療領域の教育内容が拡充されたとはいえない．

演習科目を30時間加増したことを含め，全体的に地域福祉とソーシャルワークの実践を強く意識した再編が検討されたことは伺われるが，これまで「憲法」「行政法」を含んでいた「法学」（30時間）関連の内容が「成年後見制度」（15時間）と「更生保護制度」（15時間）のみに絞り込まれる点についてはパブリックコメントで反対意見も寄せられるなど，議論を呼ぶ部分もある．

いずれにしても，今回見直された社会福祉士養成教育の内容が，医療ソーシャルワークの専門的実践者の養成課程たり得るかどうかは，医療現場で働く従事者のニーズに照らして判断する必要があるといえるだろう．

2　環境整備

医療機関に所属してソーシャルワーカーの立場から傷病を抱える人々やその家族らの支援にあたる人々は，厚生労働省の統計上「医療社会事業従事者」として把握されており，平成17年度の「医療施設（静態・動態）調査・病院報告[9]」によれば全国に8,809人いるとされているが，これには特に任用上の資格要件が定められていない．仮に"自称・医療社会事業従事者"であっても，各医療機関の自己申告が集計されればここに数として挙がってくるこ

とになっている．つまり，専門教育や国家資格によって対人援助専門職としての資質を担保する制度が未確立な状態なのである．それにもかかわらず，現実には9千人近い医療社会事業従事者が，日々，患者・家族らの相談援助にあたっており，そうした利用者たちから見れば，親身になって相談に応じてくれるこの職種に専門の養成教育や資格制度の裏付けがないことは，おそらく意外なものと受け止められるであろう．

　一方，上記の統計では，医療機関に所属する「社会福祉士」の数も把握されているが，それは2,695人であり，「医療社会事業従事者」とダブルカウントされていると仮定すると，有資格者の割合は約30％となる．しかし，社会福祉士資格をもちながら事務職員として勤務しているような場合もあり得るので，実際に医療社会事業に従事している職員の中での有資格者割合は，それよりさらに少ない可能性がある．

　前節で見たように，傷病者の相談援助を行う専門職を養成するには十分とはいえない社会福祉士制度だが，ソーシャルワーカーの基礎資格ともいうべきその資格さえ有していない医療ソーシャルワーカーの方がまだ圧倒的に多いのが実情である．

　他方，同じ統計でも精神病院に絞ってみると，全国に1,073か所あるうち，精神保健福祉士の数は3,912人であり，平均して1つの精神病院に3〜4人の精神保健福祉士がいる割合になる．同年の統計で，一般病院は7,952か所，そこにおける医療社会事業従事者数は7,842人，社会福祉士数は2,648人であり，平均すると医療ソーシャルワーカーは1病院に1人程度，そのうち社会福祉士の有資格者は多く見積もっても3人に1人という割合に留まる．精神科医療における精神保健福祉士資格と，一般科医療における社会福祉士資格の普及率を対比させてみると，そこにはかなりの格差があることを認めなければならない．

　その背景には，医療機関に社会福祉士の配置基準がなく，その業務に対する診療報酬制度上の評価が十分でないことが考えられる．社会福祉士制度が出来て20年が経過したが，精神科領域以外の医療ソーシャルワーカーは，

図Ⅲ-2 設問4「MSWが国家資格化された場合の効果についてお答えください」の結果（複数回答可）

4. 在宅医療においてMSWが国家資格化された場合には…

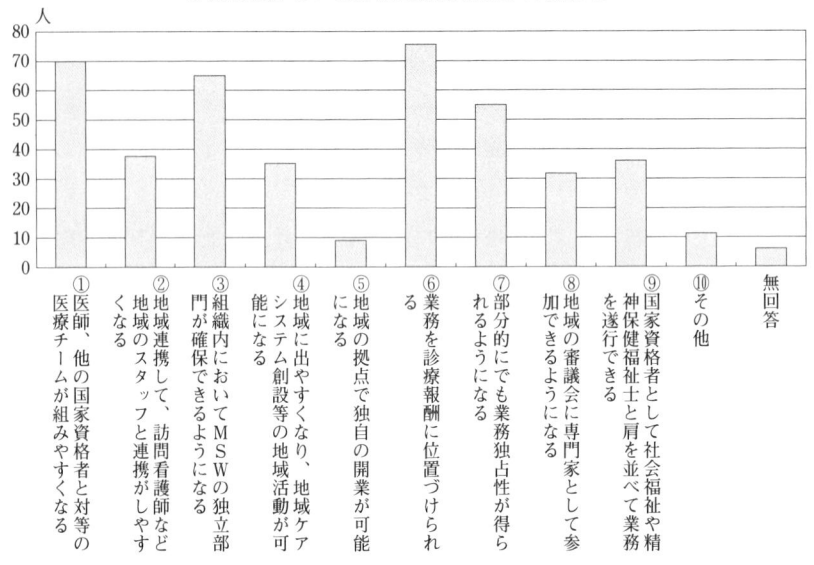

①医師、他の国家資格者と対等の医療チームが組みやすくなる
②地域連携して、地域のスタッフと連携がしやすくなる
③組織内においてMSWの独立部門が確保できるようになる
④地域に出やすくなり、地域ケアシステム創設等の地域活動が可能になる
⑤地域の拠点で独自の開業が可能になる
⑥業務を診療報酬に位置づけられるようになる
⑦部分的にでも業務独占性が得られるようになる
⑧地域の審議会に専門家として参加できるようになる
⑨国家資格者として社会福祉や精神保健福祉士と肩を並べて業務を遂行できる
⑩その他
無回答

まだ国家資格化が実現していない状況にあることを直視する必要がある．

そこで，今回の調査では「医療ソーシャルワーカーが国家資格化された場合の効果」についても尋ねてみたところ，図Ⅲ－2のような回答が得られた．

例示した項目の中で最も多く選択されたのが「診療報酬に位置づけられる」であり，全体の8割近い76人であった．医療ソーシャルワーカーが診療報酬を算定できるようにするということは，医療ソーシャルワーカーが医師の指示に基づいて当該業務を行うようになることを意味し，それについては1986年に始まった「医療福祉士（仮称）法案」の是非をめぐる議論でも，同法案への反対意見の中でソーシャルワークの自律性を損ないかねないとして強く批判された経緯がある．しかし，一方で，既にその議論が起きる前に，老人保健法制定に伴って1983年から老人診療報酬点数表で医師，薬剤師，看護婦（当時）等と並んで「医療ソーシャルワーカー」による退院時指導料が算定できることになっていた．医師以外の職種は「医師の指示」を受けて

行うことが条件となっていたが，診療報酬に医療ソーシャルワーカーの働きが初めて位置づけられたこのときには，医療ソーシャルワーカー関係者の間で特段の論争は起きておらず，1983年に日本医療社会事業協会が発行した『医療と福祉』第43号の「協会だより」の中でこの点数化が「大きな成果」と報じられ，むしろ好意的に受け止められていたという経緯がある[10]．

それから20年以上が経過した2006年，医療ソーシャルワーカーと診療報酬をめぐる関係について久々に新たな動きが起こった．平成18年度診療報酬改定により，それまで「医師の指示を受けて理学療法士または作業療法士が保健師，看護師，医療ソーシャルワーカー，精神保健福祉士と共に指導を行った場合」に算定できることとされていた「退院時リハビリテーション指導料」から，「医療ソーシャルワーカー」の文言が消され，かわって「社会福祉士」が新たに明記されたのである．「社会福祉士」についてはまた，「特掲診療料の施設基準」で「ウイルス疾患指導料」を算定する場合の人的要件として，「社会福祉士又は精神保健福祉士が1名以上勤務していること」と明記されたが，そこには「医療ソーシャルワーカー」という文言は記されなかった．そうした改定が行われる前に実施した本調査の設問では，特に社会福祉士資格との関係は問わず「医療ソーシャルワーカーの国家資格化」と表現していたが，8割近い回答者が，医療ソーシャルワーカー国家資格化の"効果"として診療報酬への位置づけを挙げていたことから，基本的には医療ソーシャルワーカーの多くが自分たちの業務に対する経済的な評価を期待しているということが明らかとなった．

「社会福祉士」によって診療報酬の一部が算定できることになったとはいえ，その人件費を自らの働きでまかなうには遠く及ばない状況が依然として続いており，病院経営上は，他の医療職がもたらしてくれる診療報酬に依存して医療ソーシャルワーカーの雇用が成り立っている．この構造が根本的に改革されない限り，労働条件の向上や配置の拡充は望めないというべきであろう．

このほか，①「医師，他の国家資格者と対等のチームが組みやすくなる」，

③「組織内において医療ソーシャルワーカーの独立部門が確保できるようになる」，⑦「部分的にでも業務独占性が得られるようになる」といった項目にも半数を超える回答が集まっており，医療ソーシャルワーカーが医療機関にまず安定した足場を確保して専門性を発揮できる体制を築くことが急務であり，ソーシャルワークを医療に根づかせるために制度的な環境整備を図ることが切に望まれるといえよう（横山豊治）．

注
1) 2007年8月　財団法人社会福祉振興・試験センター「第20回社会福祉士国家試験『受験の手引』」より．
2) 社会福祉士養成課程のカリキュラムは制度施行以来，初めての大幅な改定が検討され，2007年12月17日，厚生労働省社会・援護局福祉基盤課から公表された新カリキュラム案では，後述するように従来の「医学一般」で教育されていた内容が，「人体の構造と機能及び疾病」（30時間）と「保健医療サービス」（30時間）の2科目に再編成されている．
3) 中央法規出版刊『新版社会福祉士養成講座13　医学一般』（2007年），全国社会福祉協議会刊『新版・社会福祉学習双書12　医学一般』（2007年）の巻末索引より．
4) 昭和63年2月12日　社庶第26号厚生省社会局長通知「社会福祉士養成施設等における授業科目の目標及び内容並びに介護福祉士養成施設等における授業科目の目標及び内容について」の別添1「社会福祉士養成施設等における授業科目の目標及び内容」より．
5) 平成19年12月5日に社会福祉士及び介護福祉士法等の一部を改正する法律が公布され，同年12月17日から平成20年1月10日まで，厚生労働省社会・援護局福祉基盤課より，「社会福祉士及び介護福祉士養成課程における教育内容等の見直し案」が公表されるとともに，それに関する意見募集が行われた．
6) 社会福祉士及び介護福祉士法第2条「この法律において，『社会福祉士』とは，第28条の登録を受け，社会福祉士の名称を用いて，専門的知識及び技術をもって，身体上若しくは精神上の障害があること又は環境上の理由により日常生活を営むのに支障がある者の福祉に関する相談に応じ，助言，指導，福祉サービスを提供する者又は医師その他の保健医療サービスを提供する者その他の関係者との連絡及び調整その他の援助を行うことを業とする者をいう．」（下線部分が改正によって追加）．
7) 平成元年2月　厚生省健康政策局「医療ソーシャルワーカー業務指針検討会報告書」より．なお，介護保険制度の創設や医療制度改革を受けて平

成14年に改正された業務指針では，医療ソーシャルワーカーの連携や情報提供の対象について「保健婦・社会福祉士等」という個別の職種名ではなく，より幅広い職種を含み得る「関係職種等」という包括的な表記に改められている．

8) 平成19年12月17日 厚生労働省社会・援護局福祉基盤課「社会福祉士養成課程における教育内容等の見直しについて（案）」より（各科目の時間数は，社会福祉士一般養成施設を対象に規定されたもの）．
9) 平成18年11月30日 厚生労働省大臣官房統計情報部「平成17年度医療施設（静態・動態）調査・病院報告」より．
10) 皆川修一（1983）「医療ソーシャルワーカー業務点数化される」『医療と福祉』No.43：28−53．

結びにかえて

医療ソーシャルワーカーの実践力のばらつき

　医療ソーシャルワーカーを雇用する側からは，応募者たちに「あたり，はずれが大きい職種だ」と聞く．筆者は大学院の社会人受講生である看護師，理学療法士など他の医療職に「医療ソーシャルワーク特論」をわざわざ受講する理由を訊ねることにしている．すると「ウチの医療ソーシャルワーカーは機能してないように思うので，本来の医療ソーシャルワーカーがどんなものなのか知りたいと思った」と苦情を含んだ回答を聞かされ，情けない思いをする．

　医療ソーシャルワーカー業務は目に見えない仕事であり，配属人員も少ないことから周りの医療スタッフから理解されにくい面もある．しかし，近年の医療環境の変化により，本書の在宅支援物語にみられるようにチーム医療の中で医療ソーシャルワーカーの働きが他の職種に見えるようになってきた．それが原因の評価であれば資質の確保・担保の方策を急がねばならないと感じる．

医療ソーシャルワーカーの養成課程

　医療ソーシャルワーカーの資質の確保において，まずは，大学などの教育養成機関側にその責任があることを認めざるを得ない．「社会福祉士及び介護福祉士法」，「精神保健福祉士法」が成立して以来，社会福祉系大学は養成カリキュラムを国家資格の受験科目にシフトせざるを得ない．社会福祉士，精神保健福祉士の双方の国家試験受験科目を履修できる大学も増えている．必然的に科目数は増え，カリキュラムはタイトになり，各大学が国家試験受験科目以外の自由裁量科目を減らす傾向にある．つまり医療ソーシャルワー

カーの養成カリキュラムまで整備するゆとりはないのである．

学生の欠如感

　将来医療ソーシャルワーカーを職業として希望する学部学生に，本書の在宅支援物語の原稿を使って講義を行った．履修科目をほとんど終えて卒業論文を残すのみになった彼らに「1年後医療ソーシャルワーカーとして働き始めるために，自分にはどのような知識やスキルが足りないか」をレポートさせた．ちなみに社会福祉士受験科目に加え精神保健福祉士の受験科目の大部分を履修し，なおかつ「医療ソーシャルワーク論（半期）」「医療ソーシャルワーク演習（通年）」を修めた学生たちである．以下が学生たちの履修における欠如感である．

① 医学的知識

　「医学的知識がないので患者の病気・障害の把握はもとより，その病気や障害が今後の生活にどのような影響を及ぼすのかがわからない．そのため，今後を見越した支援が難しくその場限りの支援しかできない恐れがある．医療ソーシャルワーカーはその人の病気をみるのではなく生活をみると言うが最低限の知識は持っておきたい」「患者さんの病名や身体状況から退院後の在宅生活における変化を想定する力が足りない．各疾病ごとにどんな援助が必要なのか，すぐ思い浮かばない」「患者さんが相談に来られたときに，その病気の特徴が即座に浮かぶくらいの知識を身につけておきたい」「『気管切開』とか『人工呼吸器』という言葉を聞いても具体的に思い浮かぶのはテレビのドキュメンタリー番組やドラマの情景だけで，現実味がない」と受講生全員がまずあげたのは病気と，その病気によって起こる生活上の困難の特徴を学んでおくべきだという点である．

② 面接技術，交渉・説得力

　在宅支援物語の始まりは共通している．たとえ困難があっても「退院して家に帰りたい」という患者や家族の意思をしっかりと受けとめることから始まっている．その際，社会システムや臨床心理など人間理解に基盤を置いた高度な対人援助技術が求められる．そこに気が付いた学生は「本人や家族と

面接をした時にニーズを聞きとることができない．話を引き出す能力，話しやすい雰囲気をつくる能力が足りないと思う」と記し面接技術の重要性を認識している．さらに，在宅支援物語にみられる医療ソーシャルワーカーの変革へのアプローチについて，「他のスタッフに対して交渉する力．説得力．制度申請の手続きに対して納得をしていない機関の職員との交渉力（相手に分かりやすく説明する能力）．広い視野をもって物事を見る力（目の前のことだけに集中するのではなく，目の前のことに取り組みながら周囲の動きも把握すること）」など新たな対人援助スキルの修得の必要性をあげている．

③ 他の職種との関わり

ソーシャルワーク実践力の欠如感で大きかったものは連携のスキルである．「今後，支援，援助をしていく際，私だけの力では，どうにもならないことが出てくるのは確かで，他の専門職の人たちに力を貸してもらわなければならない．様々な職種とのかかわりが非常に多いと思うので，他の職種の働きや，専門分野を把握する必要があると思う」「事例を読んでさまざまな施設や市の部署が出てきたが，その施設や部署がどのような役割を持っているのか，どのような手続きを行えばいいのかなど知らないことが多いと実感した」そこで「自分が所属する医療機関と，患者さんとの関わりだけではなく他機関とのつながりを作る能力が必要」で「連携の仕方も具体的に分かっていないので，まず，どのように連携のきっかけをつかむのかを学びたい」とその欠如感を記している．

④ 社会資源活用

在宅支援物語では数々の社会資源開発を試みた展開場面があった．学生は「既存の社会資源を使うことだけではなく，新しく作り出したり整備していくことが難しい」「支援，援助をしていく中で，知っておかなければならない制度，法律を理解できていない」「事例を読んで『こんな制度があるんだ』と初めて知ることも多いので，制度について学べる授業，社会資源について整理して，まとめて学べる機会があれば良いと思った」と記している．社会資源開発のその前段である既存の社会資源の基礎知識すら充分ではなく，ま

ず，社会資源を活用する力くらいは身につけて卒業したいという切実な実感である．もし医療ソーシャルワーカーとして働き始めた際，目の前の利用者が当然利用できる社会資源情報を自己の知識不足で提供できず，利用者に不利益が生じた場合，それは訴訟にも値する重大な過失になり得る．学生たちは，そうした危惧をもこの在宅支援物語の事例検討で実感したようである．

⑤ 実習

実習についてのコメントもあった．

「実習が終わった後，友達に実習の様子を聞いてみると，指導の仕方も内容も異なっているので，ある程度実習指導を統一してほしいと感じた」とある．ことに，病院実習では他の専門職種（医師，看護師，理学療法士など）の実習のありようが見えて，彼らの実習期間に比して極端な短さもさることながら個別事例のかかわりの指導内容など，その内容の密度の濃さにおいても差があることを認識させられ，「2週間では物足りないと思った」のも当然である．

コラム執筆者は未婚の MSW

コラム「暮らしに寄り添うということ」を読まれた読者は執筆者をどのように想定しただろうか．業務経験を重ねた熟年女性の姿を思い浮かべられた人も多いことだろう．執筆者は20代未婚の医療ソーシャルワーカーなのである．人間の本質である性のありように気づき，ぶれて，たじろぎながらも真摯に関わり，学びとろうとする姿勢を崩さない．「けなげ」とまで感じるのは筆者のみだろうか．在宅支援物語の執筆者たちは，101事例提出の医療ソーシャルワーカー年齢構成に見られるように，大半は20代の若い世代である．しかるに親の介護をめぐる遺産相続の駆け引き等の混乱をかいくぐって在宅療養生活を築き提供していくとか，長い間の家族との別離の修復をはかったりするなど，在宅支援物語の医療ソーシャルワーカーたちの働きは，若さに似ず人生の機微を理解する深みのある仕事ぶりである．

医療ソーシャルワーカーたちの中で経験豊かなベテランは希少である．医

療ソーシャルワーカーたちの離職率の高さが背景にあるからである．今日の我が国のシステムでは結婚して子育てをしながら仕事を継続できる環境整備がなされていないのが一因である．業務の中味は価値観も異なる多くの職種と関わり，また組織も目的も異なる多くの機関の調整役を担うなど困難な状況を打破するための格闘は，ストレスも高い．しかも，小児から高齢者，難病，精神医療，リハビリ医療，死を前にした緩和ケアなど守備範囲も広く，幅広い知識を求められる．日日の研鑽が欠かせない．そのためには，研修の機会や自己研修に投資する資金も必要である．

医療ソーシャルワーカーの国家資格化について

　国の政策は明確に施設から在宅の方向にあり，在宅医療への移行が推進されている．この在宅医療移行を支え，患者の在宅医療生活構築の役割を担う専門職が求められている．そして，その任が医療ソーシャルワーカーに向けられているのである．その実践を可能にする労働環境の整備が必要であろう．そのための医療ソーシャルワーカーの量の確保と（「はじめに」で述べた）質の確保が問題である．その根本に医療ソーシャルワーカーの国家資格化問題がある．従来通り医療ソーシャルワーカーの国家資格を社会福祉士のみで良しとして良いのか，この在宅医療時代に即した新たな資格のあり方や養成課程を議論する時期に至っていると考えるのである．冒頭に述べた大学院生たちも，授業でこの在宅支援物語の事例検討を終えた後には医療ソーシャルワーカーへの認識を一変させた．そしてその実践に敬意を払い，チーム医療の頼れる一員として確実に必要な存在だと認識する．そして，一様に「当然，我々コ・メディカルと同じレベルの実習やカリキュラムの密度のある養成課程であるべきだ」との見解を示す．本書が関連専門職種の人々はもとより一般読者の目に触れ，今後本格化する在宅医療において，その担い手たる医療ソーシャルワーカーのあり方について理解が広がることを願うものである．

　個人情報保護への配慮により，事例を本にして発行することの困難など，

諸般の事情から，財団への報告提出から本書の発行までに，さらに1年半もの期間が経過してしまったことを，執筆など本書刊行に関わって下さった方々にお詫びして編集の任を終えます．

　最後に多忙な業務の中，本事例収集調査に協力して下さった全国各地の医療ソーシャルワーカーの熱意に深謝いたします．そして事例提出に理解を示して下さった患者さんや家族の方々にも心より感謝申し上げます．

　研究助成をいただいた財団法人在宅医療助成勇美記念財団には，本書の発行をもってお礼といたします（村上須賀子）．

事項索引

あ行

IVH ……………………………28
アセスメント …………………188
アドボケーター ………………165
アルコール依存症 ……………161
胃癌末期 ………………………170
医師 …………………………8, 87
意識障害 ………………………102
意思伝達装置 …………………60
移送サービス …………………41
医療依存度 ……47, 63, 68, 72, 191, 199
医療改革…………………………iii
医療処置 ………………………28
医療制度改革 ………………15, 98
医療ソーシャルワーカー ……8, 61, 209
——業務指針 ………………196
医療版ケアマネジメント ……20
医療保険 ………………………189
——制度 ……………………206
医療連携 …………………………6
胃ろう ………28, 50, 52, 59, 81, 83, 195
——造設 ……………………59
インターベンション …………189
インテーク ……………………187-188
ADL ……………28, 55, 107, 168, 178
嚥下障害 ………………………83
往診医 …………………………64
OT（作業療法士） ……………91

か行

開業医 ………………………54, 66
介護支援専門員 ……………35, 136
介護職員 ………………………87
介護福祉士 ……………………78
介護保険 ……30, 57, 65, 135, 166, 189
——型療養病床 ……………78
——制度 ……………………129
——の構築 ……………………4
——法 ……………………iv, 8
介護予防 ………………………13
介護療養型医療施設 …………38
外傷性脳出血 …………………50
片麻痺 …………………………159
喀痰の吸引 ……………………83
カテーテル留置 ………………28
関係機関 ………………………26
関係職種 ………………………26
看護師 …………………8, 78, 87, 209
患者会・家族会 ………………26
カンファレンス ……123, 127, 128, 173
気管カニューレ挿入 ………28, 50
気管狭窄症 ……………………45
気管切開 ……45, 46, 50, 55, 59, 87, 200
QOL ……………………………4, 6
急性期疾患 ……………………13
急性期病院 …………………89, 91, 99
急性硬膜下血腫 ………………50
吸痰器 …………………………44

協働 …………………………………26
胸腰椎圧迫骨折……………123, 200
協力依頼 ……………………………136
居宅介護支援事業所 ………61, 173, 179
筋萎縮性側索硬化症（ALS）……59, 64, 67, 173, 178
緊急入院 ……………………………59
車椅子 ………………………………92
ケア移送サービス …………………44
ケアプラン ……………………55, 54
ケアマネジャー ……56, 57, 59, 61, 64, 105, 168, 172, 178, 196
経管栄養…………46, 52, 55, 161, 195
経管摂取併用 ………………………160
経口摂取 ………………………28, 160
頸髄損傷 …………………82, 83, 91, 167
　──四肢麻痺 …………………82
頸椎損傷 ……………………………53
健康増進 ……………………………13
高額医療費貸付金制度 ……………105
高額療養費 …………………………75
高次脳機能障害 ……141-142, 144-146, 200
高度進行性乳癌 ……………………119
誤嚥性肺炎 …………………………82
呼吸機能障害 ……………………42, 48
国民健康保険 ………………………30
　──料 …………………………74
個人情報保護法………………103, 104
骨転移 ………………………………176

さ 行

在宅医療 …………………………6, 13
　──支援診療所 ………………15
在宅酸素 ……………………………28

　──療法 ……………………45, 48
在宅生活 ………………………79, 80
在宅療養 ……………………………157
作業療法士（OT）………………83, 209
Ｃ型肝炎 ……………………………110
支援費居宅支援事業者 ……………54
支援費制度 …………………………93
四肢麻痺 …………42, 91, 158, 167
失語症 ………………………………78
自動車事故対策機構療護センター …51
児童相談所 …………………………179
市の障害者福祉課支援相談係 ……54
社会資源 …41, 118, 164, 179, 193, 215
社会福祉協議会 ……………………135
社会福祉士 …………………………8
社会保険事務所 ……………………75
市役所 ………………………………74
　──障害福祉担当者 …………44
　──福祉課 ……………………75
住環境 ………………………………136
　──の整備 ……………………44
住宅改修 ………………………123, 179
　──助成事業 …………………92
「重度医療費助成」制度活用 ………108
重度身体障害者医療費助成 ……55, 57, 105
主治医 ………………………………66
腫瘍 …………………………………158
障害児者相談支援センター ……75, 173
障害認定 ……………………………30
障害年金………………………ⅰ, 75, 108
小児用訓練ベッド …………………44
情報交換 ………………………166, 196
情報収集 ……………………………197
情報提供 ……………………………123

情報の共有化 …………………196
ショートステイ ………………167
褥瘡 ……………………………176
シルバー人材センター ………135
神経因性膀胱 …………………91
人工呼吸器 ……41, 43, 59, 60, 61, 200
人工頭骨・頭蓋形成術………50, 51
身体障害者 ……………………42
　　——手帳………30, 41, 45, 48, 50, 55,
　　57, 60, 65, 75, 92, 96, 103, 108,
　　113, 129, 135, 158, 165, 166
　　——福祉制度………………129
心不全 …………………………83
診療報酬 ………ⅱ, ⅲ, 9, 10, 11, 17, 20
　　——制度……………………206
水頭症シャント術 ……………50, 160
頭蓋底骨折 ……………………50
生活保護 …ⅰ, ⅱ, 74, 96, 123, 126, 127
精神障害者保健福祉手帳 ……30
精神保健福祉士 ………………8, 35, 209
　　——法………………………8
精神保健法 ……………………18
脊髄損傷 ………………………41
全身性エリテマトーデス………127, 179
全盲 ……………………………165
専門介護福祉士 ………………11
専門職 …………………………178
前立腺癌 ………………………173

た 行

退院支援 ………………………61
退院時カンファレンス ………166
退院時ケアプラン ……………20
退院調整会議 …………………65
大腸癌 …………………………131

胆石 ……………………………131
痰の吸引 ………………………195
地域医療連携室 ………………16
地域支援ネットワーク ………144
地域福祉権利擁護事業 …115-117, 144
地域包括医療 …………………3
地域包括ケアシステム ………3
地域包括支援センター ………13
地域連携室 ……………………34, 38
地域連携パス …………………15, 20
中心静脈栄養 …………………28
直腸障害 ………………………91
デイケア ………………………59, 60, 61
デイサービス …………………54
てんかん ………………………115
糖尿病 …………106, 162, 164, 169, 176
　　——性意識障害…………106
　　——性神経障害…………106
　　——性腎症………………162
　　——性白内障……………173
　　——性網膜症……………106
特定疾患日常生活事業 ………65

な 行

難病 ……………………………13
　　——患者等居宅生活支援事業
　　…………………………127, 129
二次性糖尿病 …………………110
日常生活用具 ………41, 44, 45, 56, 92
認知症 …………………………100, 171
脳幹梗塞 ………………………87
脳梗塞 …………………78, 141, 168, 174
　　——後遺症………………53, 87
脳出血 …………………………94
脳腫瘍 …………………………98

脳内出血 …………………………159
　　――後遺症 …………………94

は　行

肺炎 ………………………………83
肺癌 ……………………………176
廃用症候群 ……………………175
パウチ管理（人工肛門・人口膀胱）…28
PT（理学療法士）……………91
左片麻痺 …………………………94
左進行性乳癌 …………………119
左大腿骨骨折 …………………136
病院機能分化 ……………………15
福祉事務所 …………31, 42, 133, 173
福祉用具業者 ……………………44
プランニング …………………188
閉塞性動脈硬化症 ……………164
ベーチェット病 ………………165
ヘルパー …………………54, 105
包括的ケア ………………………13
膀胱癌 ……………………165, 173
膀胱留置カテーテル ……………83
放射線治療 ………………………99
訪問看護 ………………10, 45, 93
　　――師 ………………44, 64, 71
　　――事業所 ……………54, 173
　　――ステーション ……47, 54, 179
訪問診療医師 ……………………44
保健師 ……………44-45, 122, 209
保険年金課 ………………………74
補装具 …………………41, 42, 44

ま　行

慢性肝炎 ………………………161
慢性腎不全 ……………………164

慢性肺気腫 ………………………55
慢性閉塞性肺疾患 ………55, 175
右片麻痺 ………………………174
右側頭骨骨折 ……………………50
民生委員 ………118, 137-138, 140, 179
ムコ多糖症 …………………45, 46

や　行

薬剤師 ……………………………87
要介護認定 ……………………106
腰椎圧迫骨折 …………………171

ら　行

理学療法士（PT）……………83, 87
離脱訓練 …………………………61
リハビリテーション病院 ………78
流行性脳脊髄膜炎後遺症 ……161
療育手帳 ……………………30, 45
両眼視神経萎縮 ………………110
レスパイト ………………55, 63
　　――ケア ……………………56
連携 ………………………26, 166
レンタル車椅子 …………………44
連絡調整 ………………44, 78, 172
労災障害年金 ………………92, 93
労災の休業補償給付 ……………92
老人保健法 ………………176, 208
労働基準監督署 …………………93
労働福祉事業 ……………………94

執筆者一覧

はじめに　村上須賀子→奥付参照
第Ⅰ部
　第1章　京極高宣→奥付参照
　第2章　山舘幸雄（やまだて・さちお）岩手清和病院　社会復帰支援科
第Ⅱ部
　第1章1　小嶋章吾（こじま・しょうご）国際医療福祉大学　医療福祉学部
　　　　2　永野なおみ（ながの・なおみ）→奥付参照
　　　　3　石田路子（いしだ・みちこ）城西国際大学　福祉総合学部
　第2章（50音順）
　　　　阿久津ナカ（あくつ・なか）㈠大田原赤十字病院　地域医療福祉連携課
　　　　有光憲子（ありみつ・のりこ）安芸太田町加計病院　地域医療支援室
　　　　石橋京子（いしばし・きょうこ）岡山大学病院　総合患者支援センター
　　　　井上直子（いのうえ・なおこ）東京白十字病院　医療福祉相談室
　　　　荻津守（おぎつ・まもる）済生会宇都宮病院　医療相談室
　　　　梶原敏臣（かじわら・としおみ）呉共済病院　地域医療連携室
　　　　川勝邦子（かわかつ・くにこ）大田原赤十字病院　地域医療福祉連携課
　　　　川村博文（かわむら・ひろふみ）日本社会事業大学大学院　社会福祉学研究科
　　　　木村貴史（きむら・たかし）順天堂大学医学部付属静岡病院　看護外来業務課
　　　　雲野博美（くもの・ひろみ）塩谷総合病院　地域医療連携室
　　　　栗本孝雄（くりもと・たかお）石橋総合病院　地域医療連携室
　　　　小俣富美（こまた・ふみ）医王病院　医療福祉相談室
　　　　坂本理恵（さかもと・りえ）名古屋第二赤十字病院　医療社会事業課
　　　　鮫島留美（さめしま・るみ）下関リハビリテーション病院　リハビリテーション科
　　　　セノガ典子（せのが・のりこ）桜町病院　医療福祉科
　　　　仲宗根恵美（なかそね・めぐみ）那覇市立病院　診療支援部医療福祉相談室
　　　　野上美智子（のがみ・みちこ）コスモス病院
　　　　畑中寿美（はたなか・とみ）三重県厚生農業協同組合連合会　健康福祉担当
　　　　平原成美（ひらはら・なるみ）興生総合病院　医療福祉相談室

廣瀬真澄（ひろせ・ますみ）富山県高志リハビリテーション病院　相談支援科
福井秀隆（ふくい・ひでたか）石切生喜病院　地域連携室
溝口弘子（みぞぐち・ひろこ）日鋼記念病院　医療福祉相談室
森本智子（もりもと・ともこ）愛風病院　医療福祉相談室
山本邦男（やまもと・くにお）塩竈市立病院　医療福祉情報企画室
湯浅ひとみ（ゆあさ・ひとみ）㈱府中病院　医療福祉相談室
コラム　小出由美恵（こいで・ゆみえ）㈱居宅介護支援事業所　ケアプランオフィスひまわり
第3章1　永野なおみ
　　　　竹中麻由美（たけなか・まゆみ）川崎医療福祉大学　医療福祉学部
　　　　小嶋章吾
　　　　横山豊治（よこやま・とよはる）新潟医療福祉大学　社会福祉学部
　　　　梶原敏臣
　　　2　村上須賀子
　　　　黒岩晴子（くろいわ・はるこ）佛教大学　社会福祉学部
第Ⅲ部
　第1章1　永野なおみ
　　　　2　竹中麻由美
　　　　3　永野なおみ
　第2章　横山豊治
結びにかえて　村上須賀子

編著者略歴

○村上須賀子（むらかみ・すがこ）
摂南大学大学院経営情報学研究科修士課程修了，博士（社会福祉学）．
広島市民病院などで医療ソーシャルワーカーとしての勤務を経て，
現　在　県立広島大学保健福祉学部人間福祉学科教授
主　著　『医療福祉総合ガイドブック』年度版（編著，医学書院，2007），『実践的医療ソーシャルワーク論』（編著，金原出版，2004），『新時代の医療ソーシャルワークの理論と実際──ヒロシマに学ぶ』（大学教育出版，2005）ほか

○京極高宣（きょうごく・たかのぶ）
東京大学大学院経済学研究科博士課程修了，博士（社会福祉学）．
厚生省社会局社会福祉専門官，日本社会事業大学学長を経て，
現　在　国立社会保障・人口問題研究所所長
主　著　『京極高宣著作集』（全10巻，中央法規，2003），『社会保障と日本経済』（慶應義塾大学出版会，2007）ほか

○永野なおみ（ながの・なおみ）
日本社会事業大学大学院社会福祉学研究科修士課程修了．
現　在　県立広島大学保健福祉学部人間福祉学科講師
主　著　『ソーシャルワーカーのための病院実習ガイドブック』（分担執筆，勁草書房，2007），『ソーシャルワーク記録　理論と技法』（分担執筆，誠信書房，2006）ほか

在宅医療ソーシャルワーク

2008年5月20日　第1版第1刷発行

編著者　村上須賀子
　　　　京極高宣
　　　　永野なおみ
監　修　NPO日本医療ソーシャルワーク研究会
発行者　井村寿人

発行所　株式会社　勁草書房
112-0005　東京都文京区水道2-1-1　振替 00150-2-175253
　　　（編集）電話 03-3815-5277／FAX 03-3814-6968
　　　（営業）電話 03-3814-6861／FAX 03-3814-6854
日本フィニッシュ・鈴木製本

©MURAKAMI Sugako, KYŌGOKU Takanobu, NAGANO Naomi 2008

ISBN978-4-326-60209-4　Printed in Japan

JCLS　＜㈳日本著作出版権管理システム委託出版物＞
本書の無断複写は著作権法上での例外を除き禁じられています。
複写される場合は、そのつど事前に㈳日本著作出版権管理システム
（電話03-3817-5670、FAX03-3815-8199）の許諾を得てください。

＊落丁本・乱丁本はお取替いたします。
http://www.keisoshobo.co.jp

―― 勁草 - 医療・福祉シリーズ ――

現代のスティグマ	大谷藤郎 著	3360円
厚生行政の経済学	滝上宗次郎 著	2520円
日本人の生死観	川上・上林 他著	2415円
日本人の健康	林 俊一 著	3360円
生命と時間	広井良典 著	2730円
お産―女と男と	大林道子 著	3150円
看護技術の現在	川島みどり 著	2730円
「世界一」の医療費抑制政策を見直す時期	二木 立 著	2625円
占領期の医療改革	杉山章子 著	3360円
福祉は経済を活かす	滝上宗次郎 著	2520円
東大闘争から地域医療へ	三浦聡雄／増子忠道 著	2205円
保健医療政策の将来	V.R.フュックス 江美・二木・権丈 訳	3255円
農村医療の現場から	松島松翠 著	2100円
らい予防法廃止の歴史	大谷藤郎 著	4410円
自然なお産を求めて	杉山次子／堀江優子 著	2730円
いま，病院看護を問う	川島みどり 著	2940円
ケアと老いの祝福	木下康仁 著	2625円
21世紀への社会保障改革	川上 武 著	2940円
もう患者でいるのはよそう	S.シャーウィン 岡田・服部・松岡 訳	3360円
医療ソーシャルワークの現代性と国際性	児島美都子 著	2625円
国際化時代の社会保障	坂井英幸 著	2520円
戦後日本医療史の証言	川上 武 著	5250円
国際医療福祉最前線	児島・中村・杉山 編著	3150円
介護保険と医療保険改革	二木 立 著	2940円
21世紀初頭の医療と介護	二木 立 著	3360円
医療ソーシャルワーカー新時代	京極高宣／村上須賀子 編著	2100円
ソーシャルワーカーのための病院実習ガイドブック	村上・竹内・横山・前田 編著	2415円

＊表示価格は2008年5月現在．消費税は含まれております．